GEMÜSEGARTEN FÜR EINE SAISON

Sandra Geeck

GEMÜSEGARTEN FÜR EINE SAISON

SELBSTVERSORGUNG MIT DEM MIETGARTEN

Ein Ratgeber für alle, die einen Gemüsegarten für eine Saison haben (wollen).

© 2014 Sandra Geeck

Herstellung und Verlag: BoD - Books on Demand, Norderstedt

ISBN 978-3-7357-8822-1

Bibliografische Information der Deutschen Nationalbibliothek
Die Deutsche Nationalbibliothek verzeichnet diese Publikation in der Deutschen Nattionalbibliografie; detaillierte bibliografische Daten sind im Internet über www.dnb.de abrufbar.

Inhaltsverzeichnis

Vorwort

Vor wenigen Jahren erst habe ich meine Leidenschaft für das Gärtnern im Gemüsegarten entdeckt. Mangelnder Platz und fehlende Möglichkeiten in der Stadt haben dazu geführt, dass ich mich auf die Suche nach einer Möglichkeit begeben habe, einen eigenen Garten zu finden. Der Schrebergarten kam für mich dabei nicht in Frage, da ich mich – zum jetzigen Zeitpunkt – nicht langfristig binden und den teilweise strengen und unflexiblen Vorschriften der Kleingartenanlagen folgen wollte.

Im Internet fand ich dann zum ersten Mal Berichte über den Mietgarten für eine Saison. Schon begann die Recherche, ob es auch in meiner Nähe einen solchen Mietgarten gibt. Zum Glück war dies der Fall – jedoch war es bereits mitten in der Saison und die Chance, sofort mit einem Mietgarten loszulegen, vertan. So bereitete ich mich bereits frühzeitig auf meine erste Mietgartensaison im folgenden Jahr vor, sah mir die Mietgärten vor Ort an und las mich in die Welt des Gemüseanbaus ein.

Die erste Mietgartensaison war für mich das absolute Highlight des Jahres – ein etwa sechs Monate andauerndes Highlight! Natürlich machte ich nicht alles „richtig" und manche Gemüsesorten gediehen nur begrenzt (oder teilweise gar nicht). So recherchierte ich weiter und sammelte in der Literatur und im Internet jede Menge Informationen zum Thema Gemüseanbau, um im folgenden Jahr mehr Erfolg zu haben. Heute stehe ich den Lesern auf meinem Blog www.grüneliebe.de mit Tipps und Erfahrungsberichten zur Seite.

In diesem Ratgeber möchte ich nun ambitionierten Hobby-Gemüsegärtnern ein Buch an die Hand geben, mit dem sie in ihrem eigenen Gemüsegarten gärtnern und hoffentlich reichlich ernten können. Das Handbuch enthält vor allem praktische Tipps aus eigener Erfahrung, die ich gerne weitergeben möchte. Natürlich muss jeder seinen eigenen Weg im Gemüsegarten finden, da die Boden- und Witterungsverhältnisse in jeder Region unterschiedlich sind. Dennoch hoffe ich, dass dieser Ratgeber ein hilfreicher Leitfaden für jede Menge Spaß am und im Gemüsegarten ist.

Kapitel 1: Der Mietgarten – Was ist das?

Ein Gemüsegarten ist nur Hausbesitzern oder Kleingärtnern vorbehalten? Stimmt nicht! Seit einigen Jahren gibt es einen Trend: Der Gemüsegarten für eine Saison zum Mieten. Damit kann jeder sein eigenes Gemüse anbauen, pflegen und frisch ernten. Sowohl absolute Gartenneulinge als auch erfahrene Gärtner sind in einem Mietgarten richtig aufgehoben – man braucht lediglich Spaß an der Gartenarbeit, Zeit für das Gärtnern und Lust auf frisches, selbstgezogenes Gemüse!

Mietgärten werden von regionalen Anbietern, Bauern oder darauf spezialisierten Unternehmen angeboten. Zu Beginn der Saison werden in den Mietgärten in der Regel bereits verschiedene Gemüsesorten gesät oder gepflanzt. Darüber hinaus stehen Gartengeräte und Wasser zur Verfügung sowie hilfreiche Tipps direkt vor Ort. Die Saison beginnt in etwa nach den Eisheiligen im Mai und endet im späten Herbst, kurz bevor der Frost einsetzt.

Die Arbeit im Mietgarten übernimmt jeder Gärtner selbst. Dazu gehört Unkraut jäten, nach der Ernte nachsäen und -pflanzen, Gießen, Schädlingsbekämpfung, Erde auflockern und natürlich Ernten.

Der Arbeitsaufwand liegt bei etwa zwei- bis dreimal Gärtnern pro Woche. Dabei werden jeweils mindestens 1-2 Stunden Zeit benötigt, je nach Wetterlage der Saison kann das auch mehr sein. Jeder Gärtner ist seines eigenen Glückes Schmied – d.h., wer weniger Zeit investiert, wird eventuell auch weniger ernten. Wer viel Zeit und Spaß an der Gartenarbeit hat, kann natürlich auch tagtäglich ackern! Das leckere Gemüse ist die harte Arbeit wert.

Kein eigener Garten, aber dennoch Lust auf selbst angebautes Gemüse? Kein Problem - dafür gibt es doch den Mietgarten für eine Saison!

Die Gartenarbeit im Mietgarten hat außerdem den Vorteil, dass man viel an der frischen Luft ist. Der Körper wird ausgepowert und die Seele bekommt ihren wohlverdienten Ausgleich.

Urbanes Gärtnern – Selbstversorgung für Städter

Für Stadtmenschen ist es aus verschiedenen Gründen, wie Platzmangel oder fehlende Anbaumöglichkeiten, nahezu unmöglich komplett auf die Selbstversorgung durch eigene Lebensmittelerzeugung umzusteigen. Für die Selbstversorgung wird viel Platz benötigt. Tierhaltung ist in der Stadt nur bedingt möglich aufgrund von hohem Platzbedarf, Geruchs- und Lärmbelästigung sowie jeder Menge Vorschriften der Stadt und des Veterinäramtes. Wer in einer Wohnung lebt, hat in der Regel keinen eigenen Garten. Mit einem Balkon oder einer Terrasse muss man zumindest nicht gänzlich auf die (teilweise) Selbstversorgung in der Stadt verzichten.

Für die Selbstversorgung nur auf den Gemüseanbau bezogen rechnet man mit einem Platzbedarf von etwa 40-50 m² Anbaufläche pro Person.

Ein kleiner Kräutergarten mit Rosmarin, Basilikum, Schnittlauch oder Petersilie auf der Fensterbank ist nicht nur hübsch anzusehen, sondern dient auch einer abwechslungsreichen Küche. Selbst auf dem kleinsten Balkon kann ein Tomaten- oder Paprikastrauch wachsen. Mit etwas Pflege sind die eigenen Früchte auf dem Balkon im Sommer erntereif.

Ein Kräutergarten oder ein paar Gemüsepflanzen auf dem Balkon sind eher Naschwerk. Zur Selbstversorgung ist dann doch ein bisschen mehr Anbaufläche vonnöten. Mietgarten-Anbieter gibt es mittlerweile in der Nähe vieler Großstädte. Zumeist liegen die Flächen am Stadtrand. Durch die Anmietung einer Gartenparzelle ist ein Ort gefunden, an dem eigenes Gemüse und sogar Obst angebaut werden kann. Gartenneulinge treffen dort auf erfahrene Gärtner und tauschen Tipps & Tricks miteinander aus.

Alternative zum Mietgarten

Der Schrebergarten oder auch Kleingarten ist die langfristige Alternative zum Mietgarten. Die gepachtete oder gekaufte Parzelle kann in eine Oase aus Gemüsebeeten und Obstbäumen verwandelt werden. Ein Häuschen oder eine Hütte bieten Platz für private Ruhepausen oder Feiern und eigene Gartengeräte können dort gelagert werden. Mit einem Schrebergarten nimmt man an einer ganz speziellen Kultur teil, denn in vielen Schrebergarten-Kolonien ist man aktives Mitglied einer Gemeinschaft und es müssen Regeln und Vorschriften eingehalten werden. Der Schrebergarten ist eine dauerhafte Verpflichtung, d.h. auch nach Saisonende muss weitergearbeitet und die neue Saison vorbereitet werden. Zudem ist im Gemüsegarten die Fruchtfolge bei bestimmten Sorten einzuhalten.

Der heutige Schreber- oder Kleingarten geht zurück bis ins 18. Jahrhundert. Als Armengärtenanlage gründete Carl von Hessen etwa 1797/98 die sogenannten Carlsgärten in Kappeln an der Schlei, deren Hauptziel es war dem Hunger und der Verarmung entgegenzuwirken.

Eine andere Alternative ist die Nutzung eines Gemeinschaftsgartens. Mehrfamilienhäusern ist oftmals ein solcher Garten angeschlossen, der von allen Mietern genutzt werden kann. Oft ist die Nutzung aber bereits im Mietvertrag festgelegt. Wenn man sich mit den Eigentümern und den anderen Mietern einig wird, kann es eine gemeinschaftliche Nutzung dieses Freizeitbereichs geben. Eine gemeinschaftliche Nutzung kann daher auch für die Selbstversorgung in der Stadt genutzt werden. Kräuter, Obst und frisches Gemüse kann zur Selbstversorgung und zum Gemeinschaftsempfinden der Mietergemeinschaft beitragen.

Die Nutzung von Grünflächen oder brachliegenenden Flächen zum Zwecke des Gemüseanbaus, der Pflanzung von Blumen und anderen Gewächsen in der Stadt wird als Urban Gardening bezeichnet. Beispiele solcher Möglichkeiten gibt es auf der ganzen Welt. Brachliegende Flächen werden genutzt, um mitten in der Stadt einen Beitrag zur Selbstversorgung zu ermöglichen. Das Gärtnern in der Gemeinschaft macht Spaß und die Möglichkeit der Selbstversorgung in der Stadt ist für viele Menschen erstrebenswert.

Auf brachliegenden Flächen in der Stadt ist jedoch besondere Vorsicht geboten, da manche Böden durch Schwermetalle oder andere giftige Stoffe belastet sein können. Daher sollte auf solchen Flächen nur in Hochbeeten, Pflanzkisten und Pflanzsäcken angebaut werden. Diese können auch ganz einfach selbst gebaut werden! Zudem müssen für brachliegende Flächen Genehmigungen zur Nutzung eingeholt und gegebenenfalls Vorschriften beachtet werden.

Mietgarten in Deutschland

Die Lust auf einen eigenen Gemüsegarten zum Mieten hat sich seit einigen Jahren bei Städtern und Menschen ohne eigenen Garten als Trend erwiesen. Eine Saison lang eigenes Gemüse anzubauen und zu ernten, ist mittlerweile in vielen Stadtgebieten in Deutschland möglich. Das wohl bekannteste Mietgarten-Unternehmen ist *meine ernte*. Es ist mit aktuell mehr als 20 Standorten in ganz Deutschland am weitesten verbreitet. Doch es gibt auch regionale Anbieter, bei denen Gemüsegärten angemietet werden können.

Bei der Vielzahl an Standorten ist für die meisten Hobbygärtner mit hoher Wahrscheinlichkeit ein Mietgarten in der Nähe dabei:

Meine Ernte - Deutschlandweit
www.meine-ernte.de

Ackerhelden - Deutschlandweit
www.ackerhelden.de

Garten der Saison - Berlin

www.gartendersaison.de

Bauerngarten - Berlin

www.bauerngarten.net

Gartenglück – Köln

www.gartenglueck.info

Münchner Krautgärten – München

Kontakt über sgm.kom@muenchen.de

GemüseSelbstErnte – Rosdorf bei Göttingen

www.gemuesefeld.de

Erntezeit – Gärtnern macht glücklich – Appen und Fischbek

www.gaertnernmachtgluecklich.de

tegut Saisongarten – Hessen und Bayern

www.tegut.com/ saisongarten

Mein Feld - Geilenkirchen Hatterath, Haan, Meerbusch, Willich und Zülpich

www.eigenes-feld.de

Hinweis: Trotz intensiver Recherche können wir nicht garantieren, dass die Liste der Mietgarten-Anbieter vollständig ist. Bei Interesse sollte man sich einfach in der eigenen Region erkundigen.

Kapitel 2: Bedeutet Mietgarten gleich Bio?

Das Bio-Siegel

Bundeseinheitliches, staatliches Zeichen für Erzeugnisse, die aus der ökologischen Produktion stammen. Es wird eingesetzt, um Verbrauchern zu signalisieren, dass die Produkte der Kontrolle der EU Rechtsvorschriften zum ökologischen Landbau von Bio- und Öko-Rohwaren, -Lebensmitteln und -Futtermitteln unterliegen. Die Kennzeichnung ist freiwillig.

Beim Anbau von eigenem Gemüse denkt man möglicherweise sofort an Bio. Das ist aber nur die halbe Wahrheit: Das Bio-Siegel erhalten Hersteller nur, wenn bestimmte Vorschriften, wie z.B. Verzicht auf Anwendung von Gentechnik oder Pflanzenschutz mit chemisch-synthetischen Mitteln, eingehalten werden.

Es ist nicht zwangsläufig so, dass ein Mietgarten auch gleichzeitig ein Bio-Mietgarten ist, da die zur Verfügung stehende Ackerfläche möglicherweise nicht zu einem Bio-Bauernhof oder zu einer entsprechend zertifizierten Fläche gehört.

Dennoch kann man grundsätzlich davon ausgehen, dass das selbst angebaute Gemüse an Bio-Qualität (ohne Bio-Siegel) herankommt. Der Grund dafür ist, dass man selbst das Gemüse in der Regel nicht mit chemischen Schädlingsbekämpfungs- und Düngemitteln behandelt. Bedenken dazu, z.B. wie die Ackerfläche bisher genutzt wurde, kann und sollte der Mietgarten-Anbieter Interessierten direkt beantworten können.

Es gibt aber auch Mietgarten-Anbieter, die ihre Ackerflächen eindeutig als Bio-Garten ausweisen. Auf solchen Flächen müssen die Hobby-Gärtner dann auch entsprechende Regeln einhalten, wie z.B. ausschließliche Verwendung von Bio-Saatgut sowie Düngung nur mit biologischen Mitteln.

Kapitel 3: Gemüsesorten im Mietgarten

Der Mietgarten ist auf eine Saison von etwa April bis Dezember ausgelegt. Die Saison im Gemüsegarten startet Ende April oder Anfang Mai – je nach Region. Traditionell beginnt der Gemüseanbau erst nach den Eisheiligen, also erst dann, wenn kein (Boden-)Frost mehr zu erwarten ist.

Die Eisheiligen sind die Namenstage von Heiligen, die laut altem, meteorologischem Glauben das Ende der frostigen Zeit einläuten. Der Namenstag der heiligen Sophie ist der 15. Mai. Danach sollen keine Fröste mehr eintreten und die jungen Pflanzen können ihr Wachstum im Freiland beginnen.

Im Mietgarten werden Gemüsesorten angebaut, die innerhalb einer Saison bis zur Erntereife wachsen. Die meisten Gemüsesorten sind einjährig, daher ist der Anbau vieler Sorten problemlos möglich. Ausnahme sind Gemüsesorten wie bspw. Spargel, der erst im zweiten Standjahr geerntet werden kann. Außerdem kann die Zeit für Wintersorten wie Grünkohl oder Rosenkohl zu kurz sein, da diese Sorten erst nach dem ersten Frost ihren typischen Geschmack entwickeln. Wie lange die Saison beim jeweiligen Mietgarten-Anbieter dauert, kann man ganz einfach vor Ort erfragen!

Je nach Anbieter werden zu Saisonbeginn verschiedene Sorten gesät und gepflanzt, bevor der Mieter seine Gartenparzelle übernimmt. Das hat insbesondere für Gartenneulinge den großen Vorteil, dass man sich um die Erstbepflanzung keine Gedanken machen muss und direkt mit dem Hegen und Pflegen der Gemüsereihen beginnen kann.

Tipp: Auch wenn es zu Beginn der Saison noch nicht so aussieht: Die Gemüsesorten werden mitunter sehr groß! Daher sollte man alle 2-3 Reihen etwas mehr Platz lassen, damit man beim Gärtnern genug Bewegungsfreiheit hat und keine Pflanzen zertritt.

Typische Gemüsesorten für den Mietgarten

Tipp: Immer schön darauf achten, wer sich gut mit wem verträgt, damit die Ernte auch reichlich ausfällt! Und lieber weniger anpflanzen, damit jede Sorte genügend Platz hat, um sich gut und kräftig entwickeln zu können.

Brokkoli

Buschbohnen

Frühlingszwiebeln

Gurke

Kartoffeln

Kohlrabi

Kräuter

Kürbis

Mangold

Möhren

Pastinaken

Petersilie

Petersilienwurzel

Porree / Lauch

Radieschen

Rettich

Rote Bete

Rotkohl

Rucola

Salate (Kopfsalat/Pflücksalat)

Schnittlauch

Sellerie

Spinat

Weißkohl / Spitzkohl

Zucchini

Zuckererbsen

Zuckermais

Zwiebeln

Die einzelnen Gemüsesorten werden in Reihen gesät bzw. gepflanzt. Zwischen den Reihen wird je nach Wuchsgröße der Sorte Platz gelassen, damit sich das Gemüse gut entwickeln kann. Einige Sorten, wie Kartoffeln und Zwiebeln, werden in mehreren Reihen gesät, da der Bedarf pro Kopf in der Regel größer ist als bei anderen Sorten.

Weitere mögliche Sorten im Mietgarten

Neben den bereits vorgesäten und –gepflanzten Sorten kann jeder Hobbygärtner natürlich noch weitere Pflanzen ganz nach den eigenen Wünschen und Vorstellungen anbauen. Selbst einige Obstsorten sind möglich! Bei exotischen Pflanzen, oder solchen, die das raue Klima auf dem Feld nur bedingt mögen, kann es aber passieren, dass die Ernte nicht so ertragreich wird wie gehofft. Aber warum nicht einfach mal ausprobieren?!

Für den Mietgarten sollte man darauf achten, dass man spezielle Freilandsorten auswählt. Das sind Sorten, die die extremen Wetterverhältnisse wie direkte Sonne, prasselnden Regen und starken Wind gut aushalten können. Zudem sind sie häufig resistent gegen typische Pflanzenkrankheiten wie Mehltau.

Tomaten sind sehr beliebte Sorten, die sich aber nur bedingt für das Freiland eignen, denn sie vertragen keinen Regen. Sie wollen nur von unten, direkt an die Wurzeln gegossen werden. Abhilfe können spezielle Tomatenhäuser schaffen. Alternativ kann man eine Art Regendach bauen, um die Pflanzen zu schützen.

Diese Sorten sind empfehlenswert:

Physalis

Erdbeeren

Aubergine

Ausgefallene Salatsorten, wie Asia-Salat

Fenchel

Pak Choi

Wirsing

Grünkohl und Rosenkohl (wenn die Saison möglichst lange geht)

Tomaten

Paprika und Peperoni

Kräuter

Tipp: Mehrjährige Kräuter wie Estragon, Lavendel oder Pfefferminze können zum Saisonende ausgegraben und eingetopft werden. Sie überwintern dann auf dem geschützten Balkon oder in der Garage und werden im nächsten Jahr wieder ausgepflanzt.

Anbau-Tipps – Wer verträgt sich mit wem?

Pflanzen, die sich miteinander vertragen ...

... beeinflussen positiv ihr gegenseitiges Wachstum und erhöhen damit den Ernteertrag der jeweiligen Sorten.

... nutzen die jeweils benötigten Nährstoffe aus dem Boden optimal, ohne sie sich gegenseitig zu berauben.

... wirken gegenseitig gegen Schädlinge und Krankheiten.

... wachsen harmonisch zusammen. Ihre Wurzeln und Blätter kommen sich wenig in die Quere.

Pflanzen, die sich nicht mögen ...

... hemmen gegenseitig Ihr Wachstum. Damit wird der Ernteertrag geringer ausfallen.

... sind erhöht der Gefahr durch Pflanzenkrankheiten und Schädlinge ausgesetzt.

VERTRÄGT SICH GUT MIT ...	VERTRÄGT SICH NICHT GUT MIT ...
BOHNEN	
Gurken, Kartoffeln, Kohl, Kopfsalat, Mais, Möhren, Lauch, Rote Bete, Schnittsalat, Sellerie, Tomaten	Erbsen, Fenchel, Knoblauch, Porree, Zwiebeln
BROKKOLI	
Gartenkresse, Sellerie	
ENDIVIEN	
Fenchel, Kohl, Lauch, Stangenbohnen	Erbsen, Fenchel, Knoblauch, Porree, Zwiebeln
ERBSEN	
Dill, Fenchel, Gurken, Kohl, Kopfsalat, Mais, Möhren, Zucchini	Bohnen, Kartoffeln, Knoblauch, Lauch, Zwiebeln
ERDBEEREN	
Buschbohnen, Borretsch, Knoblauch, Kopfsalat, Lauch, Radieschen, Rettich, Schnittlauch, Spinat, Zwiebeln	Kohl
FENCHEL	
Endivien, Erbsen, Feldsalat, Gurken, Kopfsalat, Radicchio	Bohnen, Tomaten
GURKE	
Bohnen, Dill, Erbsen, Fenchel, Kohl, Kopfsalat, Koriander, Kümmel, Rote Bete, Schnittsalat, Sellerie, Zwiebeln	Kartoffeln, Radieschen, Tomaten
KARTOFFELN	
Knoblauch, Kümmel, Kohl, Mais, Meerrettich, Spinat	Gurken, Kürbis, Sellerie, Tomaten
KNOBLAUCH	
Erdbeeren, Gurken, Himbeeren, Möhren, Obstbäume, Rote Bete, Tomaten	Erbsen, Kohl, Stangenbohnen
KOHLARTEN (ALLE)	
Beifuß, Bohnen, Dill, Endivien, Kartoffeln, Knoblauch, Koriander, Kopfsalat, Kümmel, Lauch, Rote Bete, Schnittsalat, Sellerie, Spinat, Tomaten	Erdbeeren, Knoblauch, Senf, Zwiebeln
KOPFSALAT	
Dill, Erbsen, Erdbeeren, Fenchel, Gartenkresse, Gurken, Kerbel, Kohl, Lauch, Mais, Möhren, Radieschen, Rote Bete, Tomaten, Zwiebeln	Petersilie, Sellerie
LAUCH	
Erdbeeren, Endivien, Kohl, Kopfsalat, Möhren, Petersilie, Sellerie, Schwarzwurzel, Tomaten	Bohnen, Erbsen, Rote Bete

VERTRÄGT SICH GUT MIT …	VERTRÄGT SICH NICHT GUT MIT …
MAIS	
Bohnen, Gurken, Kartoffeln, Kopfsalat, Kürbis, Melonen, Tomaten, Zucchini	Rote Bete, Sellerie
MANGOLD	
Kohl, Möhren, Radieschen, Rettich	Spinat
MEERRETTICH	
Kartoffeln, Obstbäume	
MÖHREN	
Dill, Erbsen, Knoblauch, Lauch, Majoran, Mangold, Radicchio, Radieschen, Rettich, Rosmarin, Salbei, Schnittlauch, Schnittsalat, Schwarzwurzel, Tomaten, Zwiebeln	
RADICCHIO	
Fenchel, Kopfsalat, Möhren, Stangenbohnen, Tomaten	
RADIESCHEN & RETTICH	
Bohnen, Erbsen, Erdbeeren, Gartenkresse, Kapuzinerkresse, Kohl, Kopfsalat, Mangold, Möhren, Petersilie, Schnittsalat, Spinat, Tomaten, Zwiebeln	Gurken, Kerbel
ROTE BETE	
Dill, Gartenkresse, Gurken, Knoblauch, Kohl, Kopfsalat, Koriander, Kümmel, Schnittsalat, Zwiebeln	Kartoffel, Lauch, Mais, Mangold, Spinat
SCHWARZWURZEL	
Kohlrabi, Kopfsalat, Lauch, Schnittsalat	
SELLERIE	
Bohnen, Gurken, Kohl, Lauch, Tomaten	Kartoffeln, Kopfsalat, Mais
SPINAT	
Erdbeeren, Kartoffeln, Kohl, Radieschen, Rettich, Schnittsalat, Stangenbohnen, Tomaten	Mangold
TOMATEN	
Spinat, Radieschen, Rettich, Radicchio, Möhren, Mais, Lauch, Kopsalat, Kohl, Knoblauch, Bohnen	Erbsen, Fenchel, Gurken, Kartoffeln
ZUCCHINI	
Erbsen, Mais, Stangenbohnen, Zwiebeln	
ZWIEBELN	
Dill, Bohnenkraut, Erdbeeren, Gurken, Kopfsalat, Möhren, Rote Bete, Radieschen	Bohnen, Erbsen, Kohl

Kapitel 4: Gartengeräte und Ausrüstung

Gartenarbeit ist handwerkliche Arbeit, zu welcher einige Gartengeräte benötigt werden. Je nach Mietgarten-Anbieter werden die grundlegenden Gartengeräte wie Gießkanne, Harke, Hacke, und Schaufel zur Verfügung gestellt. Man kann aber natürlich auch seine eigenen Geräte benutzen!

Je nach Anspruch des Hobby-Gärtners kommen unterschiedliche Gartengeräte in Betracht. Wichtig ist beim Kauf auf eine gute Qualität der Geräte zu achten. Beim Gärtnern wird viel Kraft benötigt und die Gartengeräte sollen über einen langen Zeitraum halten. Auch sollte das Gerät nicht kaputtgehen, wenn man mal auf einen Stein in der Erde trifft!

Strapazierfähiges, hochwertiges Material sowie eine gute Verarbeitung sind Qualitätsmerkmale, auf die man beim Kauf achten sollte.

Die Grundausstattung eines jeden Hobby-Gärtners besteht aus:

Gartenschere

Schaufel

Hacke und Harke

Gartenhandschuhe

Gießkanne

Draht und Schnur

Gummistiefel

Tipp: Zu Beginn der Saison ist es gar nicht so leicht zu erkennen, wo überhaupt was gesät wurde. Gartenstecker, auf denen die je Reihe gesäte Gemüsesorte notiert wird, erleichtern das Auffinden der Reihen.

Im Mietgarten wird man außerdem eine Grabegabel zur Lockerung des Bodens benötigen. Im Gemüsegarten werden Rankgitter (z.B. für Bohnen und Erbsen), Vogelschutznetze und Vlies gegen Kälte, Regen und Wind sowie Spaten, Hacken und Harken, um den Boden zu lockern und Unkraut zu entfernen, benötigt.

Nach der Benutzung ist es ratsam, die Gartengeräte mit Wasser abzuspülen. Getrocknete Erde kann ganz schön hartnäckig sein und beim nächsten Gärtnern die Arbeit vermiesen. Insbesondere bei der Gemeinschaftsnutzung sind die anderen Gärtner froh, wenn sie sauberes und funktionales Gartengerät nutzen können.

Natürlich gibt es über die Grundausstattung hinaus noch jede Menge andere Gartengeräte und Hilfsmittel. Am besten man probiert das ein oder andere selber mal aus. Man wird schnell feststellen, was nützlich und was nicht unbedingt notwendig ist.

Kapitel 5: Die wichtigsten Gartenarbeiten im Überblick

Die Gartenarbeit kann durchaus körperlich sehr anstrengend sein. Man muss viel in gebückter Haltung arbeiten, Erde harken und Unkraut entfernen. Und das oftmals ohne ausreichenden Sonnenschutz. Im Folgenden gibt es einen kleinen Überblick über die wichtigsten Tätigkeiten im Gemüsegarten.

Säen und Pflanzen

Als Mietgärtner hat man hier einen entscheidenden Vorteil: Die erste Bepflanzung ist bereits erfolgt, wenn man den Gemüsegarten zum Saisonbeginn übernimmt! Wenn nach einigen Wochen die ersten Reihen abgeerntet sind, kann gleich neu gesät oder gepflanzt werden. Wie gesät bzw. gepflanzt wird, ist im jeweiligen Gemüsesteckbrief in diesem Ratgeber nachzulesen.

Unkraut jäten

Wenn die ersten grünen Blättchen zu sehen sind, wird sich auch das Unkraut bemerkbar machen. Sobald man unterscheiden kann, was Unkraut ist und was nicht, sollte das Unkraut gejätet werden. Mehr Infos zum Unkraut jäten gibt es in Kapitel 6.

Boden lockern

Über die gesamte Saison hinweg muss zwischen den Reihen der Boden gut gelockert werden. Das hilft nicht nur gegen Schädlinge, die Pflanze kann dadurch auch besser das Regen- bzw. Gießwasser

Tipp: Auf dem Feld ist man ungeschützt vor der Sonne. Auch wenn der Wind etwas Abkühlung verschafft, die intensive Sonnenstrahlung ist dennoch vorhanden. Die beste Zeit für die Gartenarbeit ist daher morgens oder abends, wenn die Intensität der Sonne nicht so stark ist.

aufnehmen. Vorsicht ist bei Jungpflanzen geboten: Solange diese noch nicht fest verwurzelt sind, muss der Boden vorsichtig gelockert werden, damit die Pflanzen dabei nicht aus der Erde gezogen werden.

Düngen

Vorsicht bei Schwachzehrern: Werden diese Pflanzen gedüngt, können sie mit Krankheiten und Fäulnis reagieren. Schwachzehrer sind bspw. Bohnen, Erbsen, Erdbeeren, Feldsalat und Kräuter.

Das Thema Düngen ist auf dem Mietacker eher untergeordnet, da der Boden durch den Mietgartenanbieter bzw. den Bauern in der Regel schon gut vorbereitet ist. Dennoch benötigen gerade Starkzehrer, wie Kohl oder Mais, auch während der Saison eine kleine Nährstoffunterstützung. Auch bei Neusaaten und Nachpflanzungen empfiehlt sich eine Düngung des Bodens.

Ich empfehle vor allem die Verwendung von Hornspänen und Brennnesseljauche. Beide Dünger sind natürlichen Ursprungs und biologisch abbaubar.

Hornspäne

Hornspäne sind zerkleinerte Rinderhörner und Rinderhufe, die in der Bio-Landwirtschaft anfallen. Horn und Hufe enthalten kein Nervengewebe. Daher sind Hornspäne als Dünger unbedenklich und für den Anbau von Bio-Gemüse hervorragend geeignet. Zudem sind sie ein nachwachsender Rohstoff.

Hornspäne werden in die obere Erdschicht rund um die Pflanzen eingegraben. Das macht man idealerweise bereits vor dem Einpflanzen von Jungpflanzen.

Hornspäne werden langsam von den vielen Lebewesen im Erdreich zersetzt, wodurch die Inhaltsstoffe in den Boden eingebracht werden. Dadurch entsteht eine Langzeitwirkung des Düngers über 2 bis 3 Monate. Der Stickstoffgehalt von Hornspänen liegt bei 13 bis 15 Prozent. Das wirkt ph-neutral auf den Boden.

Brennnesseljauche

Brennnesseljauche wird aus Brennnesseln hergestellt. Man nimmt pro Liter Wasser 3-5 frische, ausgewachsene Brennnesselpflanzen. Es empfiehlt sich Handschuhe anzuziehen, damit man sich nicht an den Brennnesseln verbrennt! Die Brennnesselpflanzen werden knapp über dem Boden abgeschnitten und in ein Gefäß gelegt. Darüber wird die entsprechende Menge Wasser geschüttet.

Über einen Zeitraum von etwa einer Woche rührt man die Flüssigkeit täglich um. Nach etwa 3 Tagen beginnt die Jauche zu gären, was man an der Blasenbildung erkennt. Fertig ist die Brennnesseljauche, wenn sich keine Blasen mehr bilden. An einer sonnigen Stelle vollzieht sich der Gärungsprozess schneller. Übrigens kann man den üblen Geruch mit Gesteinsmehl binden.

Zur Düngung verwendet man bei großen Pflanzen einen Teil Brennnesseljauche auf zehn Teile Wasser. Bei kleinen und jungen Pflanzen muss die Konzentration entsprechend verringert werden.

Tipp: Unverdünnte Brennnesseljauche kann zur Bekämpfung von Schädlingen wie Blattläusen verwendet werden. Die Jauche in eine Sprühflasche füllen und die befallenen Pflanzen über drei Tage damit besprühen.

Gießen

In einem heißen, trockenen Sommer ist Gießen die anstrengendste Aufgabe auf dem Gemüseacker - zumindest dann, wenn man keinen Wasserschlauch zur Verfügung hat. Mit einer Gießkanne läuft man etliche Male von der Wasserstelle bis zu den durstigen Pflanzen.

Einfacher ist das Gießen mit einem Gartenschlauch, der einen geeigneten Aufsatz haben sollte, damit das Wasser wie ein feiner Regen auf das Feld prasselt.

Und so werden die Pflanzen richtig gewässert:

Tipp: Neben Pflanzen mit hohem Wasserbedarf, wie Tomate, Paprika und Peperoni, gräbt man ein Pflanztöpfchen mit Löchern auf der Unterseite in den Boden ein, so dass eine Vertiefung entsteht. Darin sammelt sich Wasser und es wird direkt an die Wurzeln der Pflanze abgegeben.

- Nicht zur Mittagszeit gießen! Die Hitze lässt das Wasser schneller verdunsten. So kann es kaum an die Wurzeln der Pflanzen kommen. Außerdem wirken Wassertropfen wie Lupen und können Löcher in die Blätter der Pflanzen brennen.

- Dreht man den Gießaufsatz der Gießkanne so, dass die Löcher nach oben schauen, verteilt sich das Wasser beim gießen gleichmäßiger.

- Grundsätzlich sollte eher der Wurzelbereich der Pflanze gegossen werden. So gelangt das Wasser schneller dorthin, wo es von der Pflanze aufgenommen werden kann.

- Rund um Jungpflanzen kann ein kleiner Erdwall aufgehäufelt werden. Dadurch sammelt sich das Wasser – auch das Regenwasser - gezielter im Wurzelbereich.

Ernten

Der schönste Teil des Gärtnerns: Die Ernte.

Wenn das Gemüse reif ist und geerntet werden kann, wird der Hobby-Gärtner für seine ganzen Mühen belohnt. Jetzt wird gepflückt, geschnitten und ausgebuddelt!

Die ideale Zeit zum Ernten ist bei trockenem Wetter kurz nach dem Regen. Dann ist die Erde noch locker und feucht, aber die Pflanzen trocken. Salat sollte man nicht ernten, wenn es gerade geregnet hat, da er sonst schnell lasch wird.

Wie welches Gemüse richtig geerntet wird, erkläre ich in Kapitel 9.

Tipps für die gesunde und schmerzfreie Gartenarbeit:

- Morgens oder abends ist die beste Zeit für die Gartenarbeit. Die pralle Mittagssonne mögen weder die Pflanzen noch wir Menschen!

- Immer aus der Hüfte heraus arbeiten. Schweres Heben und Hacken nicht aus dem Rücken heraus machen. Die Gartenarbeit kann ansonsten auf Dauer ganz schön schmerzhaft sein!

- Wer gute Knie hat, kann sich ein Kniekissen besorgen und anstatt in gebückter Haltung auf den Knien arbeiten. Das entlastet den Rücken – geht aber nur, wenn die Knie gesund sind.

- Viel Wasser trinken, insbesondere in den Sommermonaten!

- Zwischendurch immer wieder Pausen einlegen und sich ausgiebig strecken.

Bei der Gartenarbeit den Sonnenschutz nicht vergessen! Hut aufsetzen, Nacken- und Schulterbereich schützen und gut mit Sonnenschutz eincremen!

Kapitel 6: Unkraut erkennen

Zu Beginn der Saison wird es vor allem für Gartenneulinge eine der größten Herausforderungen sein, Unkraut von Gemüsepflanzen zu unterscheiden. Wird das Gemüse in der Reihe gesät, kann man grundsätzlich davon ausgehen: *Das, was in einer Reihe wächst, ist das Gemüse - was aus der Reihe tanzt, ist Unkraut.* Diese Aussage stimmt aber leider nur bedingt, denn Unkraut wächst auch gerne in den Reihen und sieht zunächst der Gemüsepflanze doch recht ähnlich.

Distel - gut erkennbar an ihren stacheligen Blättern!

Es ist ratsam mit dem Unkraut jäten abzuwarten, bis man ganz sicher unterscheiden kann, was in die Reihe gehört und was nicht. Wenn die Jungpflanzen etwa 2-3 Zentimeter groß sind, kann mit dem Unkraut jäten begonnen werden.

Wie erkennt man das Unkraut nun am besten? Man schaut über die Reihe hinweg und prüft, ob die Pflanze auch noch an anderen Stellen wächst. Ist das der Fall, kann man davon ausgehen, dass es sich um Unkraut handelt. Vorsicht allerdings, wenn eine Gemüsesorte in mehreren Reihen wächst!

Gut erkennbar sind Disteln: Sie haben stachelige Blätter. Die Ackerwinde wickelt sich um andere Pflanzen und erdrückt diese sozusagen. Melde ist ebenfalls weit verbreitet. Sie hat samtige, grüne Blätter, die in der Mitte der Pflanze zart lila werden. Melde ist zwar ein Unkraut, sie kann aber in der Küche wie Spinat verwendet werden.

Ackerwinde - sie schlingt sich um andere Pflanzen!

Für das Unkraut jäten ist der richtige Zeitpunkt abzuschätzen: Sind die Pflanzen zu klein besteht Verwechslungsgefahr, sind sie bereits zu groß gewachsen (und Unkraut wächst sehr schnell), haben sie bereits ein weit verzweigtes Wurzelgeflecht entwickelt und sind schwieriger aus der Erde zu bekommen. Unkraut breitet sich schnell aus und verdrängt die Gemüsepflanzen. Zudem verbraucht es viele Nährstoffe, die das Gemüse für eine reiche Ernte benötigt. Das Unkraut sollte freigegraben und mitsamt der Wurzel entfernt werden. Verbleibt ein Teil der Wurzel in der Erde, wächst das Unkraut schnell wieder weiter.

Melde - Obwohl es sich um Unkraut handelt, kann man sie wie Spinat zubereiten und essen!

Das gejätete Unkraut kann auf dem Feld liegen bleiben. Es stirbt ab und dient dem Boden wieder als Nährstoff. Die Ausnahme stellen giftige Unkrautsorten dar, wie bspw. der Stechapfel, der vom Feld entfernt werden sollte.

Beginnen die Unkrautpflanzen zu blühen, verteilen sie ihre Samen und breiten sich aus. Das sollte auf dem Mietgarten-Acker möglichst vermieden werden. Sie und ihre Beet-Nachbarn werden es sich gegenseitig danken, wenn auch mal das Unkraut auf dem Nachbaracker rausgerissen wird – denn Unkraut kennt keine Grenzen!

Kapitel 7: Pflanzenschädlinge

Sie können einem das Hobby ganz schön vermiesen – Schädlinge an Pflanzen. Ich stelle im Folgenden die wichtigsten Schädlinge vor, die sich gerne an unseren Gemüsepflanzen zu schaffen machen.

Ameisen

Ameisen sind eigentlich nicht wirklich schädlich, denn sie ernähren

sich von anderen Schädlingen wie z.B. Raupen. Allerdings kann ein Ameisennest auf dem Feld dazu führen, dass an dieser Stelle nichts wächst. Meist ist das nur lokal und wird nur an einer relativ kleinen Stelle bemerkbar sein. Wenn der Ameisenhaufen dennoch stört, kann man versuchen die Tiere mit viel Wasser „umzusiedeln".

Blattwespe

Blattwespen legen ihre Larven in Obstbäumen, Gemüsepflanzen und auf Rosen ab. Die Schädlinge sind sehr verfressen und richten erheblichen Schaden an, wenn sie in großen Mengen auftreten. Einzelne Larven werden mit der Hand abgesammelt.

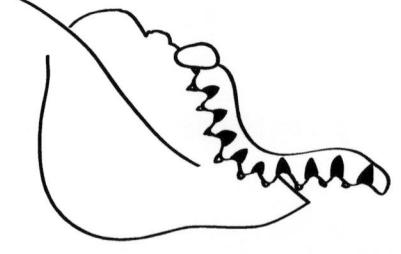

Blattläuse

Die wohl bekannteste Schädlingsart ist die Blattlaus. Ihr Ruf ist schlechter als der Schaden, den sie anrichten können. Die etwa 2 mm kleinen Blattläuse sind grün, schwarz oder orange. Man findet sie an jungen Trieben und Knospen sowie auf der Unterseite der Blätter, aus welchen sie den Pflanzensaft saugen.

Blattläuse können leicht ohne chemische Mittel bekämpft werden. Ein kräftiger Wasserstrahl auf die Unterseite der Blätter wäscht die Blattläuse ab. Vereinzelte Blattläuse können mit der Hand abgestreift werden.

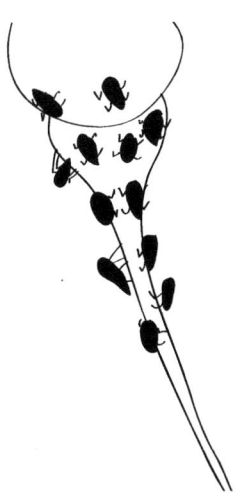

Drahtwurm

Der Drahtwurm ist die Larve des Saatschnellkäfers. Die Schädlinge sind etwa 5 cm lang. Sie sind gelblich-weiß mit braunem Kopf. Der Drahtwurm vergreift sich an Wurzeln von Erdbeeren, vielen Gemüsepflanzen und Kartoffeln. Der entstandene Schaden an den Pflanzen wird oft erst spät bemerkt. Die Ausbreitung der Larven wird verhindert, wenn die Erde regelmäßig gehackt und gelockert wird.

Tipp: Die Schädlinge können mit einem Köder aus einer aufgeschnittenen Kartoffel angelockt werden. Diese wird mit der Schnittseite nach unten in den Boden gegraben. Nach ein paar Tagen werden die Würmer dann aufgesammelt. Der Köder sollte bei starkem Befall regelmäßig kontrolliert und die Schnittstelle erneuert werden.

Engerlinge

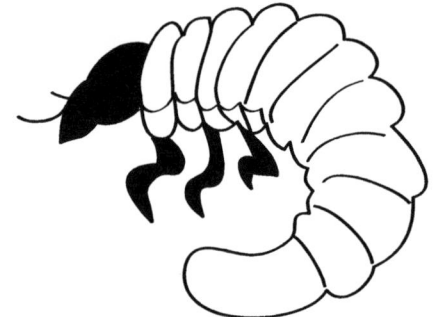

Engerlinge sind die Larven des Gartenlaubkäfers, des Mistkäfers, des Maikäfers und des Rosenkäfers. Sie fressen die Wurzeln von Kartoffeln und von Junggemüse.

Engerlinge haben natürliche Feinde: Die Larven werden gerne von Igeln, Maulwürfen und Vögeln verspeist. Damit die Schädlinge von ihren natürlichen Feinden gefunden werden, sollte die Erde regelmäßig gelockert werden.

Erdfloh

Eigentlich ist der Erdfloh ein Käfer. Er macht sich vor allem an Kohlpflanzen, Radieschen, Rettich und Mais zu schaffen. Sie treten meist in großen Mengen auf.

Erdflöhe fressen die Blätter der Pflanzen. Die Larven der Erdflöhe ernähren sich von den Wurzeln, wodurch Schäden an Jungpflanzen entstehen können.

Regelmäßiges Hacken und Lockern des Bodens ist ein wirksames Mittel gegen Erdflöhe. Erdflöhe mögen keine konstante Feuchtigkeit, daher hilft auch regelmäßiges Gießen der betroffenen Pflanzen.

Gemüsefliege

Es gibt verschiedene Arten der Gemüsefliegem bspw. die Möhrenfliege oder die Kohlfliege. Die Larven machen sich über die Samen, Keimlinge und Wurzeln der Pflanze her. Sie fressen sich sogar in die Frucht hinein.

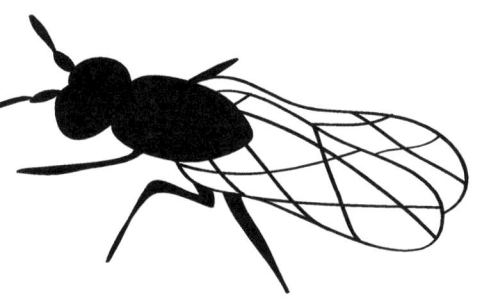

Gegen einen Befall der Gemüsefliege helfen engmaschige Netze, die direkt nach der Aussaat der Gemüsepflanzen gespannt werden.

Kartoffelkäfer

Der Kartoffelkäfer ist – wie sein Name schon verrät – auf Kartoffelpflanzen zu finden. Bereits die Larven fressen sich genüsslich durch die gesamte Pflanze, die schließlich eingeht, wenn man nichts gegen die Plagegeister unternimmt. Gegen den Kartoffelkäfer hilft nur regelmäßiges Absammeln der Larven und Käfer. Die Larven verstecken sich gerne auf der

Unterseite der Blätter. Frühzeitiges Absammeln ist wichtig, damit sich die Käfer nicht paaren und unaufhaltsam vermehren können.

Tipp: Wenn Sie gerade dabei sind, ihre Kartoffelpflanzen abzusuchen, schauen sie doch auch bei den Nachbarpflanzen kurz vorbei, denn Kartoffelkäfer machen nicht halt an der Grenze zwischen ihrem und dem nächsten Beet. Sie fressen sehr schnell und der massive Schaden kann innerhalb weniger Stunden oder Tage angerichtet sein!

Raupen

Raupen ernähren sich von den Blättern unterschiedlicher Pflanzen. Man erkennt den Befall durch einen gezackten Rand an den Blättern. Die Tiere sind je nach Art 1-5 cm lang und tarnen sich in blattgrün, wodurch sie schlecht auffindbar sind. Eingerollte Blätter sind ein Indiz für den Befall durch Raupen, da sie so Schutz suchen.

Raupen können abgesammelt werden, wenn sie in nur geringen Mengen vorkommen.

Schnecken

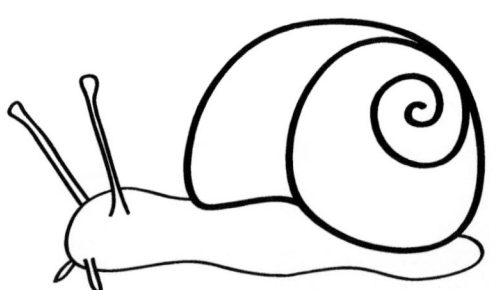

Schnecken sind gefräßige, nachtaktive Schädlinge. Sie lieben es feucht und treten meist nach Regen in Scharen auf. Sie hinterlassen eindeutige Spuren durch angefressene oder löchrige Blätter – wenn sie überhaupt noch etwas von der Pflanze übriggelassen haben.

Einzelne Schnecken lassen sich gut absammeln. Bei größerem Schneckenbefall oder großer Anbaufläche hilft Schneckenkorn auf Eisensulfatbasis, da es unbedenklich ist in der Anwendung.

Spinnmilben

Spinnmilben sind winzig kleine Spinnentiere. Sie sind nur einen halben Millimeter groß und kommen in den Farben rot, grün, gelb und weiß vor. Man findet sie auf der Unterseite von Blättern und auf frischen Triebspitzen, wo sie den Pflanzensaft aussaugen. Der Befall wird erkennbar, wenn die Blätter weiß-silbrig werden. Diese Veränderung der Blätter entsteht durch Luft in den leergesaugten Blattzellen.

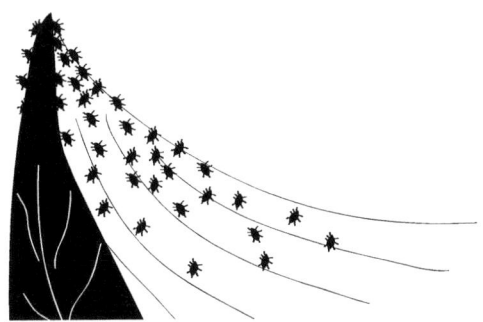

Spinnmilben lassen sich nur schwer bekämpfen. Da sie so klein sind, erkennt man sie mit bloßem Auge erst, wenn die Ausbreitung schon sehr fortgeschritten ist. Oft ist die Pflanze ohne chemische Mittel kaum noch zu retten. In der freien Natur wirken Raubmilben als natürlicher Feind gegen die Schädlinge.

Wanzen

Wanzen saugen den Pflanzensaft aus Obst- und Gemüsepflanzen. Die entstehenden Schäden sind aber eher gering. Sie kommen bei heißem, trockenem Wetter in großen Mengen vor.

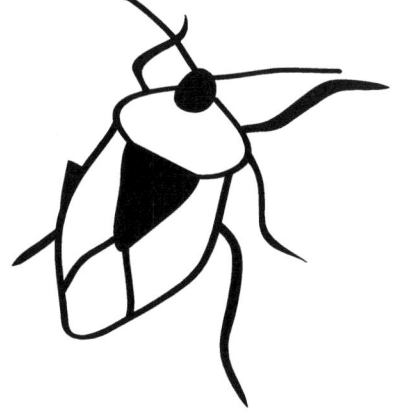

Werden die Pflanzen morgens kräftig geschüttelt, fallen die Wanzen von den Pflanzen ab, da sie morgens starr auf den Pflanzen verharren.

Weiße Fliege

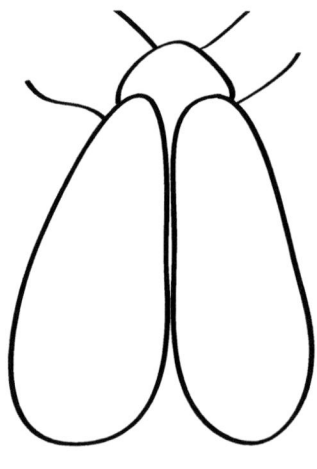

Die Weiße Fliege ist eigentlich keine Fliege, sondern eine Laus. Sie saugt den Pflanzensaft aus Pflanzen in feucht-warmem Klima. Man findet sie auf Gemüsepflanzen im Gewächshaus oder bei warmem Wetter auf dem Feld. Sie fliegen hoch, wenn man die Blätter bewegt. Der natürliche Feind der Weißen Fliege ist die Schlupfwespe.

Die Weiße Fliege ist auf dem Feld oft unter Vlies zu finden. Damit sich der Schädling auf dem Feld möglichst nicht ausbreitet, sollten die Schutzvliese rechtzeitig entfernt werden, wenn die Temperaturen steigen.

Kapitel 8: Pflanzen stützen und schützen

Pflanzen stützen

Gemüsepflanzen wachsen ganz unterschiedlich. Bei Wurzelgemüse wächst die essbare Wurzel in der Erde und nur das Blattgrün ragt aus dem Boden heraus. Salate und Blattgemüse wie Spinat oder Mangold recken ihre essbaren Blätter in Richtung Sonne.

Und dann gibt es auch noch rankende Pflanzen, die entweder kriechend wachsen und sich auf dem Boden ausbreiten (z.B. Kürbis) und solche, die sich festklammern können und nach oben ranken. Diese Pflanzen (z.B. Stangenbohnen und Zuckererbsen) benötigen Rankgitter oder Rankhilfen, an denen sie sich festhalten können, um nach oben zu wachsen.

Es gibt spezielle Rankgitter und Rankhilfen zu kaufen. Oder man baut einfach eine eigene Konstruktion aus Bambusstäben, die in die Erde gesteckt werden. Dazwischen wird ein grobmaschiges Netz gehängt oder Draht bzw. Schnur netzartig gespannt. Wichtig ist eine gute Stabilität des Rankgerüstes, denn die Pflanzen sind kräftig und starker Wind kann das Konstrukt ins Wanken bringen!

Buschige Pflanzen, wie Tomaten oder Paprika, werden mit Stäben gestützt. Wenn ihre Äste mit Früchten vollhängen können sie ganz schön schwer werden. Dann ist ein bisschen Unterstützung ratsam, damit die Fruchtäste nicht abbrechen.

Im Baumarkt und Gartencenter gibt es eine große Auswahl an Pflanzenstützen, Rankhilfen und Zubehör. Mit ein wenig

Tipp: Bambusstäbe eignen sich sehr gut, da sie im Wind gut biegsam sind. Sie sind auch im nächsten Jahr wieder verwendbar!

handwerklichem Geschick und etwas Fantasie können eigene Konstruktionen ganz leicht gebaut und den individuellen Bedürfnissen angepasst werden.

Pflanzen schützen

Auf dem Feld sind Pflanzen jeglicher Witterung ausgesetzt: Unterschiedliche Tag- und Nachttemperaturen, Wind und Sturm, Regen und Hagel, Sonne und Wolken. Hinzu kommen Vögel, Kaninchen und Wühlmäuse, die die Jungpflanzen mit Genuss verspeisen. Das kann für die Pflanzen ganz schön anstrengend sein. Aber – so ist die Natur! Dennoch gibt es Möglichkeiten, die Pflanzen vor äußeren Einflüssen zu schützen.

Zu Beginn der Saison, wenn das Wetter noch unbeständig ist und die Jungpflanzen empfindlich sind, schützt ein Kältevlies sowohl gegen Kälte, Wind und Regen als auch gegen Fraßfeinde. Das Vlies wird auf die Größe des zu schützenden Bereichs zugeschnitten und locker auf das Beet gelegt. Den Rand gräbt man in die Erde ein, damit keine Tiere hindurchkriechen können – daher das Vlies etwas großzügiger zurechtschneiden, als das eigentliche Feld groß ist.

Tipp: Vlies kann im nächsten Jahr wieder verwendet werden. Einfach das Vlies gut abtrocknen lassen, zusammenrollen oder -legen und trocken aufbewahren!

Wenn es wärmer wird, wird das Vlies entfernt, damit kein Hitzestau darunter entstehen kann. Jetzt tauscht man das Vlies gegen feinmaschige Netze aus. Dazu werden Holzpflöcke oder kräftige Bambusstäbe als Beetumrandung in den Boden gebracht und das Netz darüber gelegt. Die Höhe sollte sich an der maximalen Höhe der Pflanzen orientieren, denn Tiere können sich ohne Weiteres auf dem Netz niederlassen und durch das Netz hindurch fressen! Den Rand des Netzes gut eingraben, damit kein Tier durchkriechen kann.

Bei allen Maßnahmen zum Schutz der Pflanzen gibt es aber keine Garantie: Natur ist eben Natur. Als Gärtner sollte man immer damit rechnen, dass ein Teil der Ernte durch Tiere und Witterung zerstört wird. Das einzige, was in diesem Fall hilft, ist, sich mit Kaninchen & Co. zu freuen, dass auch sie eine leckere und gesunde Mahlzeit hatten!

Kapitel 9: Die Ernte

Es ist endlich soweit! Die Ernte des mühsam gezogenen Gemüses steht an. Für Gartenneulinge sicher ein Fest. Aber auch für erfahrene Gärtner ist es immer wieder schön, den Lohn der Arbeit zu ernten.

Idealerweise wird an einem trockenen, sonnigen, aber nicht zu heißen Tag geerntet. Doch wie erntet man nun welche Gemüsesorte? Wir unterscheiden bei der Ernte grob in Wurzelgemüse, Strauch- und Buschgemüse sowie Salate und Blattgemüse.

Wurzelgemüse

Wurzelgemüse sind bspw. Möhren, Rettich, Radieschen, Wurzelpetersilie und Pastinake. Das Gemüse wird aus der Erde ausgegraben. Die Erde sollte dabei möglichst locker sein, daher ist die Ernte ein bis zwei Tage nach Regen optimal.

Mit einer Harke wird die Erde aufgelockert und das Gemüse an den Blättern, möglichst nah an der Wurzel vorsichtig hin- und herbewegt, sodass es sich lockert. Erst wenn man das Gefühl hat, dass es sich gut aus der Erde ziehen lässt, wird es geerntet. Bei Wurzelgemüse, das lange Wurzeln bildet, wie Möhren oder Rettich, sollte man aufpassen, dass es nicht abbricht. Das wäre doch zu schade! Mit ein wenig Übung klappt das bestimmt ganz schnell.

Tipp: Wenn die Erde zu trocken und zu hart ist, kann man die Erde um das Gemüse herum leicht gießen und einige Minuten warten, bis die Erde das Wasser aufgenommen hat. Dann ist es leichter zu graben.

Kartoffeln werden mit einer Grabegabel aus der Erde gehoben. Dabei geht man behutsam vor, damit nicht alle Kartoffeln aufgespießt werden. Es empfiehlt sich tief zu graben, um alle Kartoffeln zu erwischen.

Strauch- und Buschgemüse

Strauch- und Buschgemüse sind bspw. Tomaten, Bohnen, Gurke und Zucchini. Das Gemüse wird je nach Sorte einfach gepflückt. Mit einer Gartenschere kann man sich die Arbeit erleichtern.

Es wird immer der Stielansatz mitabgeschnitten, damit die Frucht keinen Schaden trägt und frisch bleibt. Ein glatter Schnitt ist jedoch wichtig, damit die Pflanzen eine möglichst kleine Wundstelle zurückbehält, denn über Verletzungen an den Pflanzen, z.B. durch einen abgebrochenen Zweig, können sich Krankheiten leichter verbreiten.

Salate und Blattgemüse

Salat kann komplett mit Wurzel geerntet werden. Dazu wird der Salatkopf möglichst nah am Boden angefasst und aus der Erde gedreht.

Es gibt aber auch Salate, bei welchen nur die Blätter geerntet werden und das Herz stehen bleibt, damit es weiter wächst. Es kann dann öfter geerntet werden. Das ist der Fall bei Pflück- oder Feldsalat. Die äußeren Blätter werden relativ weit unten an der Pflanze mit einem scharfen Messer vorsichtig abgeschnitten.

Das gilt auch für Blattgemüse wie Spinat oder Mangold. Es werden nur die großen, äußeren Blätter abgeschnitten, um mehrfach ernten zu können.

Tipp: Fängt Blattgemüse an zu schießen, also bildet es in der Mitte einen Blütenstand, kann dieser entfernt werden, solange er noch klein und zart ist. Damit wird die Ernteperiode verlängert. Geschossene Gemüsepflanzen müssen komplett entfernt werden. Lässt man Salat & Co. blühen, können die Samen der Blüten für die nächste Saison aufbewahrt werden.

Kapitel 10: Nach der Ernte – Einmachen, Einfrieren, Trocknen und Lagern

Wer denkt, nach der Ernte ist Ruhe und Erholung angesagt, der hat sich getäuscht. Das frisch geerntete Gemüse sollte möglichst zügig nach der Ernte verarbeitet werden. Es gibt natürlich auch die Möglichkeit von der Hand in den Mund zu ernten, also immer nur so viel zu ernten, wie man in den nächsten Tagen auch verwerten kann. Bei manchen Gemüsesorten ist das aber wenig praktikabel. Je nach Menge lohnt es sich, Gemüse für einen späteren Zeitpunkt zu lagern, zu trocknen, einzufrieren oder einzulegen.

Tipp: Säubert man das Gemüse grob direkt auf dem Feld, muss man zu Hause die Küche nicht zu sehr schmutzig machen!

Die erste Tätigkeit nach der Ernte: Gemüse säubern. Frisch vom Feld befindet sich natürlich reichlich Erde am Gemüse. Diese wird einfach abgewaschen oder mit einer weichen Bürste entfernt.

Nicht essbare Wurzeln und Blattgrün können ebenfalls entfernt werden. Hier gilt allerdings: Wird das komplette Blattgrün entfernt, ist das Gemüse kürzer haltbar. Es empfiehlt sich also, die äußeren Blätter zu entfernen und die jungen Blätter in der Mitte am Gemüse zu belassen. Das ist der Fall z.B. bei Möhren, Radieschen, Rettich oder Sellerie.

Übrigens: Bei Rote Bete muss man besonders vorsichtig sein: Wird die Knolle verletzt, blutet sie aus. Die Blätter werden nur auf etwa 10 cm gekürzt.

Lagern

Wurzelgemüse lagert man optimalerweise im Keller. Das Gemüse wird in Holzkisten oder Steintöpfe gelegt. In die Gefäße kommt zunächst eine Schicht aus leicht feuchtem Sand. Darauf wird das Gemüse einzeln verteilt und wieder eine Schicht Sand darüber gegeben. Nun schichtet man weiter, bis die Gefäße voll sind – immer abwechselnd Sand und Gemüse. Wichtig: Jede Sorte wird getrennt gelagert.

Kohlsorten und Kürbis können in Netzen aufgehängt und an einem kühlen, trockenen und dunklen Ort gelagert werden. Das Gemüse muss trocken sein und darf keine faulen oder braunen Stellen haben. Braune Blätter am Kohl werden vor dem Aufhängen entfernt.

Samen und Nüsse können nach der Ernte sogar über mehrere Jahre gelagert werden. Wichtig ist ein trockener, gut durchlüfteter und nicht zu kalter Raum.

Tipp: Wer im Keller einen Betonboden hat, kann eine Kiste mit Sand aufstellen, die von Zeit zu Zeit gewässert wird. Dadurch wird natürlich Luftfeuchtigkeit abgegeben und die Vorräte trocknen nicht aus.

Der optimale Lagerraum

- Dunkler und trockener Kellerraum, ideal ist ein Naturkeller.

- Direkte Sonneneinstrahlung sollte unbedingt vermieden werden. Fenster sollte man bspw. mit Pflanzen verstellen oder mit Stoff, Pappe oder Holz abdecken.

- Der Lagerraum sollte möglichst nicht direkt an den Heizungskeller angrenzen.

- Die ideale Temperatur liegt bei konstanten 4-6°C. Es sollte keinen Frost geben und schwankende bzw. höhere Temperaturen sollten vermieden werden.

Übrigens: Kartoffeln und Äpfel/Birnen beeinflussen sich negativ bei der Lagerung im gleichen Raum. Daher sollten diese möglichst weit auseinander gelagert werden und eventuell mit einer Folie voneinander „abgeschirmt" werden.

- Die Ideale Luftfeuchtigkeit liegt bei 80-90%. Naturböden sorgen für die optimale Raumfeuchte.

- Der Lagerraum muss gut durchlüftet sein, damit kein Schimmel entstehen kann. Lüftungsklappen oder ein gekipptes Fenster eignen sich dafür ideal.

- Öffnungen nach außen, z.B. Fenster oder Lüftungsschächte, verkleidet man mit einem feinmaschigen Gitter, damit sich Mäuse nicht über die Lagervorräte hermachen können.

Einfrieren

Das Einfrieren ist eine sehr effektive Methode, um sowohl Geschmack als auch Inhaltsstoffe vieler Gemüsesorten weitgehend zu erhalten. Nachteil: Es wird Platz in der Tiefkühltruhe benötigt und diese wiederum benötigt Energie.

Was passiert beim Einfrieren?

Beim Einfrieren von Gemüse bleiben Geschmack, Vitamine und Mineralstoffe sowie die Farbe des ursprünglichen Lebensmittels in der Regel sehr gut erhalten. Das Gemüse wird vor dem Einfrieren küchenfertig vorbereitet, sodass es aufgetaut direkt in der Küche verwendet werden kann und nahezu wie frisch schmeckt. In der Tiefkühltruhe herrschen Temperaturen von etwa -18°C. Dabei können sich Bakterien und Pilze nicht vermehren, wodurch das Produkt lange haltbar bleibt.

Viele Gemüsesorten bestehen zu einem großen Teil aus Wasser. Damit Zellstruktur, Geschmack, Konsistenz sowie Vitamin- und Mineralstoffgehalt möglichst nicht zerstört werden, wird das Gemüse vor dem Einfrieren vorbereitet.

Geeignete Gemüsesorten für das Einfrieren und deren Vorbereitung

AUBERGINEN
Auberginen in Scheiben schneiden und in reichlich Salzwasser wenige Minuten blanchieren. In Eiswasser abschrecken und einfrieren. Auberginen lassen sich auch gut einfrieren, wenn sie zuvor gebraten wurden.

BLUMENKOHL, BROKKOLI, ROSENKOHL
Bei Blumenkohl und Brokkoli wird der Strunk in kleine Röschen zerteilt. Beim Rosenkohl werden die äußeren Blätter entfernt und der Strunk gekürzt. Dann in kochendem Salzwasser wenige Minuten blanchieren, eiskalt abschrecken und einfrieren.

BOHNEN, ERBSEN UND ZUCKERSCHOTEN
Bohnen waschen und die Enden abschneiden. Erbsen werden aus den Schoten gepellt. Die Schoten von Erbsen verwendet man nicht. Ausnahme sind jung geerntete Zuckerschoten, bei welchen die Erbsen noch nicht zu den typischen Kugeln gewachsen sind. Bei Zuckerschoten werden nur die Enden ganz knapp abgeschnitten. Bohnen, Erbsen und Zuckerschoten werden in kochendem, leicht gesalzenem Wasser kurz blanchiert und in Eiswasser abgeschreckt.

KOHLRABI
Kohlrabi schälen, in mundgerechte Stücke schneiden – ganz so, wie man ihn später gerne zubereiten möchte – und in Salzwasser einige Minuten blanchieren. In kaltem Wasser abschrecken und einfrieren.

KRÄUTER
Kräuter werden vor dem Einfrieren küchenfertig gehakt und in Tüten oder Dosen eingefroren. Sie können portionsweise entnommen und verwendet werden.

MÖHREN

Möhren werden wie Kohlrabi geschält, in Stücke geschnitten, wenige Minuten blanchiert und in Eiswasser abgeschreckt.

LAUCH

Von Lauchstangen werden die äußeren Blätter und der obere Teil der Stauden entfernt. Ebenso die restlichen Wurzeln am Strunk. Die Lauchstangen gut waschen, da sich zwischen den Blättern noch Erde befinden kann. In dünne Streifen schneiden, kurz blanchieren und in Eiswasser abschrecken. Lauch kann gut portionsweise verwendet werden, indem man ihn im Gefrierbeutel durch kräftiges Schütteln lockert und nur so viel entnimmt, wie gerade benötigt wird.

ROTE BETE

Rote Bete wird mitsamt Schale und Blättern in Salzwasser etwa 20-25 Minuten lang gekocht. Danach kann die Schale unter fließend kaltem Wasser leicht entfernt werden. Vorsicht mit der roten Farbe: Rote Bete färbt die Hände intensiv. Daher ist es ratsam, Einmalhandschuhe anzuziehen oder die Knollen ausschließlich unter fließendem Wasser zu bearbeiten.

ROTKOHL UND WEISSKOHL

Auch Rot- und Weißkohl eignet sich zum Einfrieren. Entweder wird der bereits fertig zubereitete Kohl eingefroren oder er wird geschnitten und einige Minuten blanchiert. Dann kann er nach dem Auftauen fertig zubereitet werden.

SELLERIE

Sellerie wird gewaschen, geschält und in Stücke geschnitten. Dann einfach in die Gefriertüte und ab ins Eisfach!

SPINAT UND MANGOLD

Spinat und Mangold wird gewaschen und die dicken Stiele werden entfernt. Wer möchte, kann Spinat und Mangold vor dem Blanchieren in feine Streifen schneiden. In kochendem Wasser wenige Minuten blanchieren bis der Spinat bzw. der Mangold zusammengefallen ist. Dann in Eiswasser abschrecken, gut abtropfen lassen und portionsweise einfrieren.

TOMATEN

Selbst Tomaten lassen sich einfrieren. Allerdings behalten Tomaten nach dem Auftauen ihre Konsistenz nicht. Man verwendet sie für Soßen oder Suppen. Tomaten werden roh mit Schale oder als Püree (gehäutet und eingekocht) portionsweise eingefroren.

ZUCCHINI

Zucchini lassen sich nur bedingt gut einfrieren, da die Früchte zu einem Großteil aus Wasser bestehen. Für die Verwendung in einer Suppe können Zucchini roh oder wenige Minuten blanchiert, und anschließend eingefroren werden.

Trocknen

Was passiert beim Trocknen?

Durch das Trocknen wird dem Gemüse die Feuchtigkeit entzogen. Übrig bleibt das konzentrierte Produkt. Durch die fehlende Flüssigkeit können kaum noch Bakterien in das Lebensmittel eindringen. Ebenfalls kann sich bei gut getrockneten Produkten kein Schimmel ansetzen. Je nach Sorte und Lagerung sind getrocknete Lebensmittel über mehrere Jahre haltbar.

Wie wird getrocknet?

Für das Trocknen eignen sich insbesondere Früchte, die voll ausgereift sind und keine Druckstellen oder Verletzungen haben. Es sollte unbedingt direkt nach der Ernte getrocknet werden.

Das Gemüse wird zunächst gut gesäubert, nach Bedarf geschält und zerkleinert. Je kleiner die Stücke, desto schneller trocknen sie, aber desto mehr verlieren sie leider auch von ihrem Vitamin-Gehalt.

Eine Variante ist, das kleingeschnittene Gemüse auf Schnüre aufzufädeln. Entweder wird es mithilfe einer dicken Nadel durchstochen oder es wird, bspw. bei Peperoni, ganz einfach die Schnur um das Gemüse gebunden. Die Schnüre werden locker aufgehängt. Eine andere Alternative ist je nach Gemüsesorte das Auslegen der Gemüsestücke nebeneinander auf Trockengittern.

Der Trocknungsvorgang erfolgt bei einer möglichst konstanten Temperatur von 30-50°C über einen Zeitraum von 6-12 Stunden. Eine konstante Temperatur wird im leicht geöffneten Ofen oder auf

Tipp: Bohnenkerne für die Aussaat im nächsten Jahr werden ganz einfach gewonnen, indem einige Hülsen an den Pflanzen gelassen werden, bis sie im Herbst komplett ausgereift sind und abtrocknen. Wenn noch Restfeuchtigkeit in den Bohnenkernen ist, lässt man sie einfach auf einem Trockenblech komplett austrocknen. Die getrockneten Bohnenkerne werden an einem trockenen, dunklen und kühlen Ort über den Winter gelagert, um im nächsten Jahr wieder ausgesät zu werden.

Das funktioniert übrigens auch mit Erbsen!

einer Heizung erreicht. Aber auch ein heißer Sommertag eignet sich gut zum Trocknen von Gemüse. Im Ofen wird das Trockengut gelegentlich gewendet, um eine gleichmäßige Trocknung zu erreichen.

Der richtige Zeitpunkt ist erreicht, wenn das Gemüse knusprig ist und Bohnen sowie Erbsen hart sind. Das Trockengemüse vor dem Lagern gut auskühlen lassen, damit sich keine Kondensfeuchtigkeit bildet.

Geeignete Gemüsesorten zum Trocknen

* Pilze

* Paprika und Peperoni

* Zwiebeln und Knoblauch

* Tomaten: Halbieren und Kerne entfernen. Restfeuchtigkeit von einem Tuch aufsaugen lassen. Tomaten mit der Schnittseite nach oben auf ein Trockenrost legen und mehrere Stunden trocknen.

* Erbsen, Bohnenkerne und Mais

* Kräuter: Als Sträußchen zusammenbinden und an einem trockenen Ort kopfüber aufhängen.

* Nüsse

Aufbewahrung von getrocknetem Gemüse

Getrocknetes Gemüse kann in sauberen und trockenen Gläsern mit Schraubverschluss oder in Blechdosen aufbewahrt werden. Die Behältnisse sollten dunkel gelagert und ab und zu auf Restfeuchtigkeit kontrolliert werden. Bei Restfeuchtigkeit im geschlossenen Behälter besteht die Gefahr von Schimmel.

Einlegen

Was passiert beim Einlegen?

Es gibt unterschiedliche Möglichkeiten, Gemüse einzulegen. Gemüse kann in Essig oder in Öl eingelegt werden – je nach Geschmack und Sorte. Besonders gut und lange haltbar ist in Essig eingelegtes Gemüse.

Durch die Säure des Essigs wird bei dieser Methode die Ausbreitung und Vermehrung von Fäulnisbakterien und Schimmelpilzen verhindert. Nachteil ist leider, dass sich der Geschmack des Gemüses relativ stark verändert. In Essig eingelegtes Gemüse wird für Salate, zum Dippen, als Beilage oder als Snack verwendet. Durch den sauren Essig isst man von diesem Gemüse zumeist nur geringe Mengen.

In Olivenöl eingelegte Kräuter geben dem Öl eine ganz besondere Note. Sehr lecker und vielseitig verwendbar ist Peperoni- oder Rosmarinöl.

In Öl eingelegtes Gemüse hält sich nicht so lange wie in Essig eingelegtes Gemüse. Es wird bspw. als Antipasti verwendet und bei der Verwendung von hochwertigem Olivenöl nimmt das Gemüse einen feinen Geschmack an. Eine besondere Note erhält das Gemüse, wenn Kräuter und Gewürze verwendet werden.

Wie wird eingelegt?

Das Gemüse wird gewaschen oder geputzt und in kleine Stücke geschnitten. In sauberen Behältern, bspw. Einmachgläser mit Schraubverschluss, wird das Gemüse einzeln nach Sorte oder gemischt und zusammen mit Gewürzen wie Meerrettich, Senf- und Pfefferkörnern oder Zwiebeln geschichtet. Bei der Essig-Methode kann die Zugabe von Salz oder Zucker den Geschmack variieren.

Beim Einlegen mit Essig wird das Gemüse mit einer Mischung aus zwei Teilen Obst- oder Weinessig und einem Teil Wasser vollständig bedeckt. Dazu wird der Sud aufgekocht und heiß über das Gemüse gegossen. Das Glas wird gut verschlossen und bei 75-100°C mindestens 30 Minuten im Wasserbad gekocht, um es zu sterilisieren. Die Gefäße werden kühl, trocken und lichtgeschützt gelagert. Je nach Essigkonzentrat kann das eingelegte Gemüse zwischen 3 und 12 Monate aufbewahrt werden. Nach dem Öffnen sollten die angebrochenen Gläser im Kühlschrank aufbewahrt werden!

Je nach Gemüsesorte gibt es tolle Rezepte zum Einlegen in Essig oder Öl. Ich empfehle daher, in Kochbüchern oder im Internet ein wenig durch verschiedene Rezepte zu stöbern und die eine oder andere Variante einfach mal auszuprobieren!

Beim Einlegen in Öl wird das zumeist vorher gebratene oder gedünstete Gemüse mit gutem Olivenöl vollständig bedeckt und die Gläser werden fest zugeschraubt. Verschlossene Gläser sollten dunkel aufbewahrt werden. Nach dem Öffnen empfiehlt es sich, die Gläser im Kühlschrank aufzubewahren und das Gemüse alsbald zu verzehren. Wichtig ist, dass das Gemüse immer komplett mit Öl bedeckt ist.

Welche Sorten eignen sich gut zum Einlegen?

- Bohnen
- Paprika
- Gurken
- Kürbis
- Möhren
- Pilze
- Rote Bete
- Sellerie
- Zucchini

Kapitel 11: Lohnt sich ein Mietgarten?

Die Frage, ob sich ein Mietgarten lohnt, kann nicht pauschal mit Ja oder Nein beantwortet werden. Ob sich ein Mietgarten lohnt, muss letztendlich jeder für sich entscheiden. Schließlich sind auch die Beweggründe, warum man sich für einen Mietgarten entscheidet, ganz unterschiedlich.

Wirtschaftliche Sichtweise

Für einen Mietgarten wird in der Regel ein Pauschalbetrag für die gesamte Saison bezahlt, der je nach Anbieter unterschiedlich hoch ist. Dafür erhält man die gebuchte Größe des Gemüsegartens sowie Zusatzleistungen wie Gartengeräte, Bepflanzung, Wasser und Beratung.

Weitere Anschaffungen wie Pflanzen und Saatgut, Pflanzstützen und Rankhilfen, Netze und Vliese, eigene Gartengeräte, Handschuhe und Gummistiefel werden aus der eigenen Tasche bezahlt und sind je nach Ambitionen, Bedürfnissen und Ansprüchen der Hobby-Gärtner ganz unterschiedlich. Wohnt man noch dazu nicht in unmittelbarer Nähe zum Mietgarten, sind eventuelle Fahrtkosten zu berücksichtigen.

Fazit: Werden nur die Kosten betrachtet und der output dagegen gerechnet, lohnt sich aus rein ökonomischer Sicht der Mietgarten nur bedingt.

Gegen diese Kosten kann nun der Wert des Ertrages gerechnet werden. Die Lebensmittelpreise in Deutschland für saisonales Gemüse sind allerdings relativ niedrig. Bereits für wenig Geld bekommt man tolles Gemüse der Saison aus der Region. Der direkte Preisvergleich sollte allerdings mit Bio- oder Markt-Gemüse gezogen werden. Schließlich verwendet wohl kaum ein Hobbygärtner chemische Dünge- oder Schädlingsbekämpfungsmittel, sodass nahezu Bio-Qualität mit dem eigenen Gemüse erreicht wird.

Ideelle Sichtweise

Bei einem eigenen Gemüsegarten geht es aber vor allem auch um den Spaß an der Gartenarbeit, die Freude an selbst angebautem Gemüse und die bewusste Ernährung mit frischen und vitaminreichen Zutaten. Familien mit Kindern können ihrem Nachwuchs demonstrieren, woher die Lebensmittel kommen, die täglich auf dem Tisch landen. Die Gartenarbeit im Freien, das körperliche Workout, die Entspannung nach dem Gärtnern und das stolze und freudige Gefühl, wenn die erste Mahlzeit aus selbst angebautem Gemüse zubereitet wird, lohnen sowohl Kosten als auch Mühen. Solche Momente sind unbezahlbar und machen einen Mietgarten lohnenswert!

Es stimmt übrigens wirklich: Der Geschmack von selbst angebautem Gemüse ist viel intensiver, natürlicher und echter als das vieler Gemüsesorten aus dem Supermarkt.

Fazit: Als Hobby-Gärtner muss man Spaß an der Gartenarbeit mitbringen. Wenn das der Fall ist und die Freizeitbeschäftigung zur Leidenschaft wird, dann lohnt sich ein Mietgarten in jedem Fall. Zudem ernährt man sich gesünder und bewusster!

Kapitel 12: Gemüse-Steckbriefe

Brokkoli

Gleich vorneweg: Brokkoli lässt sich leichter anbauen als Blumenkohl, weshalb wir hier nur den Brokkoli vorstellen. Brokkoli schmeckt köstlich in gedünsteter Form als Beilage oder in Suppen.

ANBAU

Brokkoli wird Ende Mai direkt ins Freiland gesät. Er benötigt relativ viel Platz, daher lässt man zwischen den Pflanzen und zur nächsten Reihe etwa 50 cm Abstand. Der Brokkoli ist relativ anspruchslos, bevorzugt aber kalkhaltige Böden.

PFLEGE

Die Erde um die Pflanzen herum sollte möglichst regelmäßig gelockert werden, damit das Wasser gut in den Wurzelbereich eindringen kann und Schädlinge abgewehrt werden. Regelmäßiges Gießen und Unkrautjäten zwischen den Pflanzen sind die Hauptaufgaben beim Anbau von Brokkoli.

ERNTE

Im späten Sommer bilden die Pflanzen eine sogenannte Mittelblume von etwa 15-20 cm Länge. Diese wird herausgeschnitten, bevor sich die zahlreichen kleinen Knospen öffnen. Lässt man die restliche Pflanze mitsamt der Blätter stehen, treibt der Brokkoli mit Seitenarmen erneut aus und es können weitere Brokkoli-Röschen im Herbst geerntet werden.

Bohnen

Bohnen sind wirklich leicht anzubauen und daher ideal geeignet für den Gemüsegarten. Zudem ist eine Ernte bereits nach zwei Monaten möglich. Vorsicht ist geboten bei rohen Bohnen: Rohe Bohnen sind giftig! Beim Kochen zersetzt sich die giftige Stickstoffverbindung Phasin und das leckere Gemüse kann bedenkenlos verzehrt werden.

Bohnen gibt es in ganz unterschiedlichen Varianten. Sehr verbreitet sind Buschbohnen, die nur etwa 30-40 cm hoch wachsen und ohne Pflanzenstütze auskommen. Abhängig von der Sorte werden entweder die Hülsen oder nur die Kerne gegessen.

ANBAU

Bohnen bevorzugen einen sonnigen und windgeschützten Standort mit einem lockeren Boden. Ausgesät wird direkt nach den Eisheiligen im Freiland. In eine etwa 2-3 cm tiefe Mulde werden die Bohnenkerne im Abstand von etwa 5 cm zueinander gelegt und mit Erde bedeckt. Bei mehreren Reihen wird ein Abstand von etwa 40 cm eingehalten.

PFLEGE

Die Pflanzen sollten ausreichend gegossen werden. Regelmäßiges Unkraut jäten ist wichtig, damit die Bohnenpflanzen nicht verdrängt werden und ausreichend Nährstoffe erhalten.

ERNTE

Die Ernte kann nach etwa acht Wochen erfolgen. Die reifen Hülsen werden knapp oberhalb des Stiels abgeschnitten oder abgeknipst. Wird regelmäßig 2-3-mal pro Woche geerntet, wachsen die Bohnen so lange nach, dass über den gesamten Sommer bis in den Herbst hinein geerntet werden kann. Wenn die Pflanzen keine Früchte mehr tragen, können die Wurzeln abgeernteter Pflanzen als Dünger für das Folgejahr im Boden bleiben.

Gurke

Gurken bestehen zu etwa 97 % aus Wasser! Sie sind damit ein wirklich kalorienarmes und sehr erfrischendes Gemüse.

Es gibt unterschiedliche Sorten, die jeweils verschiedene Verwendung finden: Schlangen- und Freilandgurken werden frisch im Salat oder zum Dippen gegessen. Einlegegurken sind als Essig- oder Senfgurke bekannt und beliebt.

ANBAU

Gurken werden ab Ende April im Haus oder im Frühbeet vorgezogen. Die Pflanzen sind sehr frostempfindlich, daher kommen sie erst nach den Eisheiligen ins Freiland. Wenn die Gurkenpflanzen zuvor im Haus vorgezogen wurden, müssen sie langsam an die Witterung im Freiland gewöhnt werden. In der ersten Zeit auf dem Feld kann ein Vlies Schutz vor Kälte geben.

Während der Wachstumsphase mögen Gurken es warm und windgeschützt. Ein humoser, lockerer und luftdurchlässiger Boden ist ideal. Bei der Auswahl der Sorte sind spezielle Freilandgurken für den Mietgarten geeignet.

Leider sind Gurkenpflanzen recht anfällig für Echten Mehltau. Daher sollten die Pflanzen nicht zu dicht gesetzt werden. Ein Abstand von etwa 60 cm zwischen den Pflanzen ist optimal. Befallene Blätter müssen sofort entfernt werden, um ein Ausbreiten des Mehltaus möglichst frühzeitig zu verhindern.

PFLEGE

Gurken werden regelmäßig gegossen, dabei ist Staunässe aber unbedingt zu vermeiden. Optimal ist von der Sonne vorgewärmtes Wasser, da Gurken sehr kälteempfindlich sind.

Gurkenpflanzen haben es gerne, wenn ihnen ein Rankgerüst dabei hilft, sich gut zu entwickeln. Außerdem erleichtert das die spätere Ernte, da die Gurken einfach abgepflückt werden können.

Ab Ende Juni bilden sich die ersten Früchte. Sie wachsen bis in den August hinein und können über den gesamten Sommer geerntet werden. Erntet man öfter, wachsen mehr Früchte nach. Im Freiland sind Hornspäne als natürlicher Dünger gut für eine kräftige Fruchtblüte.

ERNTE

Gurken wachsen sehr schnell. Sie können bereits etwa zwei Wochen nach der Blüte geerntet werden. Erkennbar ist die erntereife Gurke an ihrer glatten und gleichmäßig grünen Schale. Die Früchte werden mit einem scharfen Messer vorsichtig abgeschnitten.

Kartoffel

Kartoffelsalat, Bratkartoffeln, Kartoffelpüree, Pommes Frites, Kroketten, Reibekuchen, Kartoffelsuppe, … Es gibt unzählige Varianten der Kartoffel, die fast täglich auf unserem Speiseplan steht. Kartoffeln sind sehr gut lagerfähig. Daher sind sie das gesamte Jahr über erhältlich. Frische, selbst angebaute Kartoffeln sind ein echter Genuss. Noch dazu ist der Anbau relativ einfach und daher aus dem Mietgarten nicht wegzudenken!

ANBAU

Kartoffeln bevorzugen einen lockeren und humusreichen Boden. Damit der Boden locker wird und bleibt, kann er mit Sand vermischt werden. Saatkartoffeln werden ab Mitte April ausgelegt – nicht früher, da sie frostempfindlich sind.

Zuvor werden die Saatkartoffeln bei einer Temperatur von etwa 10-15°C in einem hellen Raum über einen Zeitraum von etwa 4-6 Wochen vorgekeimt. Die Kartoffeln werden dann in einen etwa 10 cm tiefen Graben im Abstand von 30 cm zueinander in einer Reihe ausgelegt. Die Triebe schauen dabei nach oben in Richtung Sonne. Zwischen den Reihen wird ein Abstand von etwa 60 cm eingehalten. Die Kartoffeln werden mit Erde bedeckt und die Reihen können mit Vlies gegen Kälte und Frost geschützt werden.

PFLEGE

Wenn das Kartoffelgrün etwa 20 cm hoch aus der Erde schaut, wird angehäufelt. Dazu wird wiederholt im Abstand von etwa zwei Wochen das Kartoffelgrün mit Erde bedeckt, sodass ein Hügel entsteht, der eine Höhe von etwa 30 Zentimetern erreicht.

Kartoffeln wachsen unter der Erde und dürfen während der Wachstumsphase kein Licht abbekommen. Die beste Wachstumstemperatur für Kartoffeln liegt zwischen 16°C und 20°C. Gegossen wird nur, wenn der Boden zu trocken wird.

ERNTE

Die erste Ernte von Kartoffeln erfolgt bereits im Juni. Kartoffeln sind erntereif, wenn sie geblüht haben und die Pflanzen eintrocknen. Die Kartoffeln können aber lange im Boden verbleiben, das ist quasi die beste Lagerung! Wenn man möchte, kann man also immer nur so viel ernten, wie gerade benötigt wird. Spätestens aber vor dem ersten Frost müssen die Kartoffeln aus der Erde, damit sie keine Frostschäden bekommen.

Kohlrabi

Wenn man Kohlrabi mag, ist er ein Muss für jeden Hobby-Gärtner. Kohlrabi lässt sich leicht anbauen und kann bereits nach einigen Wochen, je nach Sorte, geerntet werden. Es gibt ihn in weiß und blau und sowohl als Früh- wie auch als Spätkohlrabi.

ANBAU

Kohlrabi ist sehr anspruchslos und er kann auch als Lückenfüller sowie als Zwischenkultur gut angebaut werden. Er wird direkt im Mai ins Freiland gesät, je nach Sorte kann auch noch später im Jahr gesät werden – einfach auf dem Samentütchen nachschauen! Oder, wenn es schneller gehen soll, setzt man bereits vorgezogene Jungpflanzen ein. Kohlrabi benötigt relativ wenig Platz, man sollte ihm etwa 15-20 cm Abstand zu anderen Pflanzen gönnen.

PFLEGE

Kohlrabi ist eine recht anspruchslose Pflanze. Man muss nur darauf aufpassen, dass die Knollen gleichmäßig gewässert werden. Wenn es nach einer Trockenperiode plötzlich stark regnet, können die Knollen platzen. Daher ist regelmäßiges Gießen wichtig.

ERNTE

Geerntet wird die gesamte Pflanze, wenn die Knolle etwa faustgroß ist. Man sollte Kohlrabi nicht zu spät ernten, da er holzig werden kann.

TIPP

Die Kohlrabi-Blätter sind übrigens sehr gesund und lassen sich als Gemüse ähnlich wie Spinat sehr lecker zubereiten. Sie enthalten Eiweiß, Provitamin A und viel Vitamin C.

Kürbis

Es gibt unglaublich viele unterschiedliche Kürbisvarianten: Zierkürbisse, die nicht essbar sind, Riesenkürbisse, die mehrere hundert Kilogramm schwer werden können und natürlich auch jede Menge köstliche Speisekürbisse wie Hokkaido, Butternut oder Spaghetti-Kürbis. Im Grunde kann jede Sorte im Garten angebaut werden. Zugegeben, der Riesenkürbis benötigt jede Menge Platz!

ANBAU

Wichtig für den Anbau von Kürbis ist, dass der Boden gut vorbereitet und aufgelockert ist. Kürbis liebt eine Anreicherung des Bodens mit nährstoffreicher Komposterde. Gesät wird der Kürbis direkt ins Freiland nach den Eisheiligen. Ein Kälteschutz z.B. durch Vlies ist in der Wachstumsperiode sinnvoll, damit sich die Jungpflanze kräftig entwickeln kann. Übrigens hilft dieser Schutz auch gegen Schneckenfraß!

Kürbispflanzen werden riesig, man kann ihnen gute 1-1,5 m Abstand zur nächsten Pflanze und Reihe geben. Jede Pflanze trägt mehrere Früchte, daher sind wenige Pflanzen ausreichend!

Man legt 2-3 Kürbiskerne in eine etwa 3 cm tiefe Mulde. Nur die Pflanze, die sich am besten entwickelt, lässt man später stehen.

PFLEGE

Idealerweise lässt man pro Fruchtranke nur 2-3 Früchte wachsen. Danach wird die Ranke gestutzt, damit sich die Früchte kräftig entwickeln können. Im Sommer muss regelmäßig und kräftig im Wurzelbereich gegossen werden. Die jungen Fruchtansätze sollte man auf Stroh oder Blätter legen, damit sie durch die feuchte Erde keine Druckstellen bekommen oder zu faulen beginnen.

Ausgereifte Kürbisse erkennt man daran, dass der Stielansatz verholzt und die Früchte nicht mehr weiter wachsen. Diese Früchte sind über mehrere Monate bei trockenen und kühlen Bedingungen lagerfähig. Zum sofortigen Verzehr können aber auch unausgereifte Früchte geerntet werden, wenn sie bereits eine kräftige Farbe und eine feste Schale bekommen haben.

Mangold und Spinat

Mangold und Spinat sind ähnlich in der Verwendung und im Anbau. Der Unterschied besteht vor allem in der Größe: Mangold wird wesentlich größer und benötigt daher mehr Platz. Mangold gibt es übrigens in unterschiedlichen, leuchtend bunten Farben! Er schmeckt etwas erdiger als Spinat.

ANBAU

Da der Aussaatzeitpunkt je nach Sorte unterschiedlich ist, sollte man die Hinweise auf den Samentütchen beachten. Man sät Mangold und Spinat in Reihen. Mangold benötigt einen Abstand von 20-30 cm zwischen den Pflanzen (je größer der Abstand, desto größer wachsen auch die Blätter heran). Spinat wird auf etwa 10 cm Abstand zwischen den Pflanzen gesät. Hat man zu dicht gesät, können die Reihen später ausgedünnt werden.

PFLEGE

Unkraut macht sich gerne zwischen den Pflanzen breit, daher muss dieses regelmäßig entfernt werden. Ansonsten ist Gießen bei trockenen Temperaturen angesagt und regelmäßiges Hacken zwischen den Reihen. Ansonsten sind die beiden Sorten relativ pflegeleicht.

Geerntet werden die Blätter, wenn sie noch relativ jung, aber nicht zu klein sind. Man pflückt die äußeren Blätter, sodass die Pflanzen von innen heraus weiterwachsen können. So kann man über mehrere Wochen regelmäßig ernten. Zu dicke Stiele entfernt man vor der Verarbeitung.

Möhren / Karotten

Die Karotte, auch Möhre genannt, kennen die meisten bereits aus ihrer Kindheit. Sie schmeckt süßlich und ist vielfältig einsetzbar. Karotten können sowohl roh als auch gekocht verzehrt werden. Sie enthalten viel Vitamin A und Beta-Karotin.

ANBAU

Karotten werden Ende März und bis in den späten April direkt im Freiland gesät. Um mehrere Erntezeitpunkte zu haben, kann im Abstand von zwei Wochen in mehreren Reihen ausgesät werden. Es gibt frühe und späte Sorten, sodass eine Ernte über einen langen Zeitraum problemlos möglich ist.

Karotten gehören zum Wurzelgemüse, d.h. der essbare Teil wächst tief in die Erde hinein. Daher ist es wichtig, dass der Boden vor der Aussat tiefgründig gelockert wurde.

Karotten werden in Reihen gesät mit einem Abstand von etwa 15 Zentimetern zueinander. Zwischen den einzelnen Pflanzen sollte ein Abstand von etwa 2-3 cm eingehalten werden. Stehen die einzelnen Pflanzen zu eng, sollten sie ausgedünnt werden, da sie sich sonst gegenseitig in ihrem Wachstum behindern.

PFLEGE

Unkraut, das sich zwischen den Pflanzen breitmacht, wird von Zeit zu Zeit entfernt. Gegossen wird regelmäßig und ausreichend. Zwischen den Reihen wird die Erde regelmäßig gelockert, damit die Pflanzen das Regen- und Gießwasser gut aufnehmen können.

ERNTE

Frühe Karotten werden geerntet, wenn sie noch jung und zart sind. Späte Karotten verbleiben gerne auch lange in der Erde. Dadurch werden sie lagerfähiger im Winter. Die Ernte kann durchaus etwas anstrengend werden, wenn die Erde zu fest ist. Man trägt vorsichtig die Erde seitlich der Karotten ab. Karotten können leicht abbrechen, wenn sie zu fest in der Erde stecken! Um die Ernte zu erleichtern, kann zu trockene Erde zuvor durch Gießen angefeuchtet und damit gelockert werden.

TIPP

Es empfiehlt sich, Karotten und Zwiebeln in abwechselnden Reihen zu pflanzen, da sie sich gegenseitig vor Schädlingen schützen.

Petersilie

Petersilie ist als Gewürz zu zahlreichen Gerichten verwendbar und verfeinert den Geschmack mit seinem herrlichen Aroma. Man unterscheidet glatte und krause Petersilie. Außerdem gibt es Petersilienwurzel, bei welcher man die Wurzel, ähnlich wie eine Möhre, verwendet.

ANBAU

Petersilie kann in Reihen gesät werden, sobald kein Frost mehr zu erwarten ist. Man sät üppig, da Petersilie nur langsam wächst.

PFLEGE

Die Pflege besteht vor allem aus regelmäßigem Auflockern der Erde sowie gleichmäßigem Wässern. Zu nass mag es Petersilie allerdings nicht!

ERNTE

Es werden die Blätter geerntet. Lässt man das Herz der Pflanze stehen, wird Petersilie weiter wachsen und man kann über die gesamte Saison regelmäßig ernten. Übrigens kann man Petersilie auch im Topf auf dem geschützen Balkon überwintern, so dass man auch im Winter das leckere Gewürz frisch verwenden kann.

Paprika & Peperoni

Paprika und Peperoni sind zwar, ähnlich wie Tomaten, nur bedingt gut für das Freiland geeignet, aber den Anbau des leckeren Gemüses sollte man bei ausreichend Platz ruhig mal ausprobieren. Die Früchte gibt es in ganz unterschiedlichen Geschmacks-, Farb- und Formvarianten und sie sind in der Küche sehr vielseitig einsetzbar.

ANBAU

Die Anzucht von Paprika und Peperoni erfolgt bereits Ende Januar im Warmen, z.B. auf der Fensterbank. Zu eng gesäte Pflanzen werden pikiert, also vereinzelt, wenn sie einige Zentimeter groß sind. Ins Freiland kommen die Jungpflanzen erst nach den Eisheiligen. Sie sollten langsam an das Klima im Freiland gewöhnt werden. Ein Schutz durch Vlies gegen Kälte und Wind ist insbesondere in der ersten Zeit wichtig.

PFLEGE

Ein sonniger und sowohl wind- als auch regengeschützter Platz ist optimal für Paprika und Peperoni. Die Pflanzen sollten nur von unten gegossen werden, also direkt an den Wurzelbereich. Die Pflanzen ähneln sehr der Tomate und können mit Tomatendünger gedüngt werden. Gedüngt wird bereits bevor die Jungpflanzen ins Freiland kommen, um sie mit ausreichend Nährstoffen zu versorgen.

ERNTE

Die erste Knospe wird ausgebrochen. Die Früchte beginnen recht früh mit dem Wachstum. Allerdings benötigen sie lange Zeit bis sie reif und verzehrbereit sind. Das kann je nach Sorte mehrere Wochen dauern. Die Früchte sind erst grün und verändern ihre Farbe mit fortschreitendem Reifegrad. Reife Früchte können einige Tage an der Pflanze verbleiben. Im Herbst können unreife Früchte, wie auch Tomaten, an einem hellen Ort nachreifen.

Physalis / Andenbeere

Physalis, die auch unter den Namen Andenbeere oder Kapstachelbeere bekannt ist, wird gerne für Cocktails, Desserts oder Marmeladen verwendet. Ihr Geschmack ist fruchtig-säuerlich und erinnert an Ananas und Stachelbeere.

Physalis gehört zur Pflanzengattung der Blasenkirschen, die zu den Nachtschattengewächsen gezählt werden. Ursprünglich stammt die Andenbeere aus Südamerika.

ANBAU

Die Andenbeere ist ein eher exotisches Gewächs. Dennoch gedeiht sie in unseren Breitengraden hervorragend. Im Februar und März werden die Pflanzen auf der Fensterbank in Anzuchterde vorgezogen. Da die Samen sehr fein sind, wird zum Anfeuchten der Erde ein feiner Wassersprüher verwendet. Physalis keimen gut bei hellen und warmen Bedingungen. Erst nach dem letzten Frost im Mai dürfen die Jungpflanzen ins Freie. Sie sollten vorher behutsam an die Witterung im Freien gewöhnt werden.

Die Pflanzen wachsen buschartig und können bis zu 1,50 m hoch werden. Sie bevorzugen einen sonnigen und windgeschützten Ort und benötigen einen Platz von etwa 50 x 50 cm. Die orange-gelben, kugelrunden Früchte reifen geschützt in einer Blätterhülle heran, die wie ein Lampion um die Beere wächst.

PFLEGE

Physalis sind recht pflegeleicht. Lediglich bei zu trockenem Wetter muss ab und zu gegossen werden. Als Stütze für die buschigen Äste sollte man Bambusstäbe verwenden, damit die Pflanze auch starken Wind gut aushalten kann. Im späten Sommer sollten neue Fruchtäste abgeschnitten werden, damit die Pflanze all ihre Energie für das Heranreifen der noch vorhandenen Früchte aufwenden kann.

ERNTE

Erntereif sind die Beeren, wenn die Hüllen um sie herum abtrocknen. Die Beeren sind dann leuchtend orange. Die Ernte ist sehr einfach, denn die Beeren fallen mitsamt der Hülle auf den Boden und werden schließlich aufgesammelt. Damit die heruntergefallenen Früchte auf dem feuchten Boden nicht verfaulen, kann man Stroh unter die Pflanzen legen.

Die Früchte der Physalis wachsen etwa 3-4 Monate lang bis sie erntereif sind. Es kann über einen Zeitraum von mehreren Wochen geerntet werden.

Porree / Lauch

Lauch wird gerne in Suppen oder als gedünstetes Gemüse verwendet. Er ist feiner im Geschmack als Zwiebeln und kann daher sehr gut als Ersatz in manchen Gerichten genutzt werden.

ANBAU

Lauch wird, wie die meisten Gemüsesorten, nach den Eisheiligen gesät oder als Jungpflanze gesteckt. Die Pflanzen sollten jeweils etwa 10-15 cm Abstand zueinander haben und die Reihen etwa 30 cm.

PFLEGE

Bei Lauch gibt es eine Besonderheit in der Pflege: Damit die Lauchstangen lang und weiß werden, muss der Lauch von Zeit zu Zeit angehäufelt werden. Dazu schiebt man die Erde von allen Seiten an den Lauch heran, sodass ein Hügel entsteht, der bis zu 30 cm hoch wird. Dadurch werden die Lauchstangen gebleicht. Durch das Anhäufeln bleibt auch die Erde schön locker und Unkraut kann sich nicht ausbreiten.

Nur wenn es trocken ist, werden die Reihen ausreichend gewässert.

ERNTE

Lauch kann relativ lange in der Erde bleiben. Es gibt auch Sorten, die in der Erde überwintern. Zur Ernte bewegt man die Lauchstange leicht hin und her und zieht diese mitsamt den Wurzeln aus der Erde.

Radieschen

Radieschen sind zart und haben eine feine Schärfe. Sie eignen sich sehr gut als Zwischensaat, da sie schnell wachsen und in nur wenigen Wochen erntereif sind. Es gibt sie als Frühjahrs-, Sommer- und Herbstaussaaten sowie in verschiedenen roten und weißen Sorten.

ANBAU

Der Zeitpunkt der Aussaat direkt im Freiland ist abhängig von der jeweiligen Sorte. Das kann im Frühjahr, im Sommer oder im Herbst sein. Das Saatgut wird in etwa 1 cm tiefe Rillen gesät. Zwischen den Pflanzen sollte etwa 5 cm Platz gelassen werden. Die Reihen haben einen Abstand von 10 cm zueinander. Die Samen keimen bereits nach rund einer Woche. Ist die Erde zu locker, kann es passieren, dass die Radieschen zu schießen beginnen.

PFLEGE

Die Pflanzen sollten gleichmäßig und ausreichend feucht gehalten werden, damit die Radieschen nicht platzen. Vor Nachsaaten empfiehlt es sich, mit Hornspänen zu düngen.

ERNTE

Radieschen können bereits etwa vier Wochen nach der Aussaat geerntet werden. Frühe Sorten benötigen etwas länger. Mit der Ernte sollte man nicht zu lange warten, da die Knollen sonst verholzen können.

Rote Bete

Rote Bete hat einen sehr hohen Mineralstoff- und Vitamingehalt. Sie schmeckt süßlich und leicht erdig. Besonders charakteristisch ist die intensive Farbe, durch die man manchen Gerichten eine tolle rote bis pinke Farbe verleihen kann!

ANBAU

Rote Bete bevorzugt einen humosen, tiefgründig gelockerten Boden, da sie bis zu 1,5 m lange Wurzeln bilden kann. Die Samen werden im Abstand von etwa 5-10 cm zueinander in 2-3 cm tiefe Mulden gesät. Man kann zwischen Mai und Mitte Juni säen. Es gibt aber auch späte Sorten, die bis Mitte Juli gesät werden können.

PFLEGE

Die Knollen wachsen zum Teil über der Erde. Man kann also genau sehen, wo man hacken muss, um die Erde zu lockern. Auch Unkraut jäten ist von Zeit zu Zeit notwendig. Der Boden sollte nicht austrocknen, da sich sonst die Rüben nicht entwickeln.

ERNTE

Nach etwa 2 Monaten kann geerntet werden! Die Rüben sollten etwa so groß sein wie ein Tennisball. Werden sie zu groß, können die Knollen holzig werden. Man erntet die gesamte Pflanze. Es ist Vorsichtig geboten, dass man die Rote Bete bei der Ernte nicht verletzt, da sie sonst ausbluten kann.

Man schneidet die Blätter, die übrigens wie Spinat zubereitet und gegessen werden können, auf etwa 10 cm zurück und belässt auch die Wurzeln an der Roten Bete. Bei der Verarbeitung wird die Rübe mitsamt Wurzel und Blättern gekocht. Alternativ kann sie natürlich auch roh zubereitet und verzehrt werden.

Rotkohl und Weißkohl

Rotkohl ist ein typisches Wintergemüse, das gerne zu Braten und deftigem Essen serviert wird. Weißkohl kann als Salat sehr lecker schmecken und wird auch gerne als Sauerkraut eingelegt. Auch in gedünsteter Form schmeckt Weißkohl sehr gut.

ANBAU

Kohl wird Ende April im Freiland ausgesät. Möchte man die Ernte etwas früher haben als erst im späten Herbst, dann kann man auch bereits vorgezogene Jungpflanzen Ende April bzw. Anfang Mai in den Gemüsegarten pflanzen. Die Pflanzen werden ziemlich groß, daher lässt man etwa 40-50 cm Abstand zwischen den Pflanzen und zur nächsten Reihe. Der Boden sollte nährstoffreich sein, ggf. kann mit Hornspänen gedüngt werden.

PFLEGE

Die Pflege von Kohl ist relativ einfach. Ab und zu lockert man die Erde rund um die Pflanzen, um sie gegen Schädlinge zu schützen. In Trockenperioden wird gelegentlich gewässert.

ERNTE

Geerntet wird je nach Aussaatzeitpunkt ab Ende August bis in den Herbst hinein. Kohl kann relativ lange auf dem Feld stehen bleiben, man sollte jedoch immer mal wieder schauen, ob sich Schädlinge breitmachen. Dann wird es Zeit zur Ernte, damit der schöne Kohl nicht zerfressen wird!

Die äußeren Blätter sowie die Wurzel werden entfernt – schon ist der Kohl küchenfertig!

Salat

Salat kann die gesamte Saison über gepflanzt werden. Die Salatpflanzen wachsen relativ schnell und man kann ganz unterschiedliche Sorten ausprobieren, wie Pflücksalat, Kopfsalat, Eisbergsalat, Romana, Endivie oder Radicchio. Im Herbst und Winter sollte Feldsalat nicht auf dem Acker fehlen! Etwas exotischer sind asiatische Salatmischungen, die sehr gut in Wokgerichten schmecken oder herkömmlichen Salatsorten die besondere Würze verleihen.

ANBAU

Der Aussaatzeitpunkt ist abhängig von der jeweiligen Sorte. Man kann Salat säen oder bereits vorgezogene Pflanzen verwenden. Bei vorgezogenen Pflanzen ist es wichtig, dass der Blattansatz etwa 1 cm über der Erde liegt, da ansonsten der Salat faulen könnte. Optimal für Salate ist ein lockerer und humusreicher Boden sowie ein sonniges Plätzchen.

PFLEGE

Je schneller Salat wächst, desto intensiver ist der Geschmack. Der Boden sollte nicht austrocknen. Das kann zum Schießen des Salats führen. Gegossen wird nicht zu häufig und am besten von unten, direkt an den Wurzelbereich.

ERNTE

Je nach Sorte ist Salat innerhalb weniger Wochen erntereif. Salat wird geerntet, wenn es trocken ist. Der sonnige Nachmittag ist der ideale Zeitpunkt, da der Nitratgehalt im Salat dann geringer ist. Je nach Sorte wird entweder der ganze Kopf oder nur einzelne Blätter geerntet. Salat lässt sich im Kühlschrank einige Tage aufbewahren.

TIPP

Wird der Salat zeitversetzt gesät oder gepflanzt, kann die gesamte Saison über Salat geerntet werden. Es gibt auch spezielle Herbst- und Wintersorten wie Feldsalat und Endivie, sodass nahezu das gesamte Jahr über Salat frisch vom Feld verfügbar ist.

Bei Temperaturen über 15° C keimen manche Salatsorten nicht!

Und noch ein Tipp: Samen in feuchtem Filterpapier an einem kühlen Ort vorquellen und im Zimmergewächshaus mit Sand vermischt vorkeimen lassen. Erst dann ins Freiland säen!

Sellerie

Sellerie ist ein typisches Suppengemüse. Er schmeckt aber auch lecker als Püree oder gebraten als Sellerie-Schnitzel.

ANBAU

Der Anbau von Sellerie ist sehr ähnlich dem Anbau von Kohl. Der Boden sollte locker und nährstoffreich sein. Damit Sellerie genügend Zeit zum Wachsen hat, empfiehlt es sich die Pflanzen bereits Anfang März im (Zimmer-)Gewächshaus vorzuziehen. Bei zu kalten Temperaturen kann es passieren, dass sich keine Knollen bilden. Ins Freiland kommen die Pflanzen erst nach den Eisheiligen. In den ersten Wochen kann ein Kälteschutz aus Vlies das Wachstum der Jungpflanzen positiv beeinflussen. Gepflanzt wird mit einem Abstand von 40 cm zwischen den Pflanzen und den Reihen.

PFLEGE

Eine Düngung während der Wachstumsphase kann den Ernteertrag erhöhen. Dazu ist Kompost oder Mist zu empfehlen. Wenn die Knollen beginnen dick zu werden, benötigt der Sellerie viel Wasser. Besonders im späten Sommer, wenn es Trockenperioden gibt, muss regelmäßig und kräftig gegossen werden. Gelegentliches Lockern der Erde fördert die Wasseraufnahme. Dabei muss man aber vorsichtig sein, da der Sellerie Flachwurzler ist. Der obere Teil der Knolle liegt über der Erde. Das fördert das Wachstum der Sellerieknolle.

ERNTE

Geerntet wird Sellerie bis spätestens Ende Oktober. Sellerie ist kälteempfindlich und Frost schadet den Knollen. Die Ernte sollte bei trockenem Wetter erfolgen. Man schneidet die gröbsten Wurzeln weg und dreht das Grün ab. Die Knollen sollten nicht abgewaschen werden, da sich sonst Pilze entwickeln könnten! Zu viel Erde kann man gut abklopfen.

Tomate

Tomaten gehören zu den beliebtesten Gemüsesorten in unserer Küche. Die meist roten, aromatischen Früchte sind vielseitig einsetzbar. Sie können roh, gekocht oder getrocknet verzehrt und in vielen Gerichten verwendet werden. Tomaten aus dem eigenen Anbau haben ein intensives Aroma und werden in der Regel erst geerntet, wenn sie voll ausgereift sind.

ANBAU

Tomaten werden Ende März ausgesät und im Gewächshaus oder auf der Fensterbank vorgezogen. Ab Mitte April werden die Jungpflanzen langsam an die Außentemperatur gewöhnt, indem die Zeitintervalle, in denen die Pflanzen der täglichen Frischluft ausgesetzt sind, vergrößert werden. Ins Freiland kommen Tomatenpflanzen erst nach den Eisheiligen im Mai. Tomaten nicht zu dicht nebeneinander setzen, da sie Luft und Licht benötigen.

PFLEGE

Tomaten müssen regelmäßig gegossen werden. Gedüngt wird nur bei Bedarf mit speziellem Tomatendünger. Triebe ohne Blütenansatz werden ausgebrochen. Das erhöht den Ertrag.

Die Pflanzen sollten mit Stäben gestützt werden, damit die Fruchtäste nicht abbrechen.

Ab Ende August können neue Blütenansätze entfernt werden. Die Zeit ist nun zu kurz und die Früchte können sich bis zum Frost nicht mehr komplett entwickeln.

ERNTE

Tomaten können je nach Sorte im Juni und Oktober geerntet werden. Da sich immer wieder neue Früchte bilden, wird über einen längeren Zeitraum geerntet. Gepflückt werden nur reife, rote Tomaten.

Reife Tomaten können nur für kurze Zeit bei Zimmertemperatur gelagert werden. Übrigens: Tomaten nicht im Kühlschrank aufbewahren! Vor dem Frost werden die letzten unreifen Früchte geerntet. Sie reifen auf einer hellen Fensterbank nach und färben sich nach einiger Zeit rot.

Zucchini

Zucchini gehören zu den Kürbisgewächsen. Die bekannteste Variante der Zucchini ist die längliche, grüne Zucchini mit einer Länge von etwa 15-20 cm. Es gibt jedoch ganz unterschiedliche Sorten, die rund, oval oder länglich sowie gelb, weiß, grün oder gesprenkelt sein können. Runde Zucchini eignen sich sehr gut, um sie bspw. mit Hackfleisch oder anderen Gemüsesorten zu befüllen!

Was tun gegen echten Mehltau?

Sobald die ersten Mehltau-Flecken auf den Blättern entdeckt werden, sollten diese abgeknipst und entsorgt werden. Dies kann ruhig auf dem Kompost geschehen, da dieser spezielle Pilz lebendes Gewebe benötigt, um sich zu vermehren.

Zur Vorbeugung und bei größerem Befall gibt es ein rein biologisches Mittel, das gegen echten Mehltau wirken kann: Mit einer Mischung aus einem Teil Milch und neun Teilen Wasser werden die betroffenen Pflanzen mithilfe einer Sprühflasche abgespritzt. Das sollte bei akutem Befall alle 2-3 Tage gemacht werden, damit der Pilz wirklich nachhaltig bekämpft wird.

ANBAU

Zucchini lieben es sonnig. Der Boden sollte möglichst locker und humusreich sein. Auch wenn es beim Einpflanzen nicht so aussieht, Zucchinipflanzen benötigen viel Platz. Eine Pflanze kann sich auf gut einen Quadratmeter ausbreiten. Daher sollte zwischen den Pflanzen ein Abstand von 80 cm eingehalten werden. Jede Pflanze trägt über den Sommer hinweg reichlich Früchte. Daher ist es besser weniger Pflanzen zu setzen, als im Sommer eine Zucchini-Schwemme zu bekommen!

Zucchinipflanzen werden ab Mitte April im Gewächshaus oder auf der Fensterbank vorgezogen. Nach den Eisheiligen im Mai kommen die Jungpflanzen ins Freiland. Auch die Direktsaat ist möglich und erfolgt im Mai nach dem Frost.

PFLEGE

Zucchini benötigen viel Wasser, da die Früchte zu einem Großteil daraus bestehen. Besonders im heißen Sommer muss daher regelmäßig und reichlich gegossen werden. Die Früchte liegen direkt auf dem Boden, was bei zu viel Feuchtigkeit zu Fäulnis führen kann. Stroh oder Blätter als Unterlage unter den Früchten können dagegen hilfreich sein.

ERNTE

Je nach Sorte kann bereits nach etwa 8 Wochen die erste Ernte erfolgen. Zucchini sollten relativ jung geerntet werden, da der Geschmack dann besonders fein ist und sowohl Schale als auch Kerne zart sind. Längliche Früchte sollten etwa 15-20 lang sein bei der Ernte.

Dass echter Mehltau ausgerechnet mit Milch bekämpft wird, wird einige Gärtner sicher erstaunen. Australische Forscher haben herausgefunden, dass die Mikroorganismen, die in Milch enthalten sind, gegen den Pilz ankämpfen. Zudem wird die Pflanze nachhaltig gestärkt, da sich in Milch Natriumphosphat befindet, welches sich positiv auf die Abwehrkräfte auswirkt. Einfacher, effektiver und vor allem biologischer kann die Mehltau-Bekämpfung kaum sein!

Einen Nachteil gibt es jedoch: Die Milch lockt Wespen an! Passen Sie auf, dass Sie nicht gestochen werden!

Quelle: http://grüneliebe.de/echter-mehltau-erfolgreich-mit-milch-bekampft

Zucchini wachsen bei regelmäßiger Ernte über den gesamten Sommer nach, sodass man bis in den Herbst hinein ernten kann.

TIPP

Zucchini sind, wie auch Kürbis und Gurke, relativ anfällig für echten Mehltau. Man erkennt echten Mehltau an einem mehlig-weißen Belag auf der Blattoberseite. Er breitet sich in feucht-warmem Klima relativ schnell aus. Die befallenen Blätter trocknen ein und werden gelb-braun. Echter Mehltau ist ein Pilz, dessen Sporen durch die Luft weitergetragen werden. Vorsichtsmaßnahmen gibt es also leider keine wirklich effektiven.

Zuckermais

Maiskolben über dem Grill rösten – das ist Sommer! Mais schmeckt in ganz unterschiedlichen Varianten herrlich, aber am besten schmeckt er, wenn er frisch geerntet beim Grillfest zubereitet wird.

ANBAU

Zuckermais benötigt viel Platz – man rechnet pro Pflanze mit 40 x 40 cm. Ideal ist es, wenn man mehrere Reihen Mais anbaut, damit die Pflanzen sich gegenseitig stützen und bestäuben können.

Die Aussaat erfolgt Mitte bis Ende Mai, da die Jungpflanzen kälteempfindlich sind. Der Boden sollte gut gelockert und möglichst stickstoffhaltig sein.

PFLEGE

In der ersten Zeit sollte zwischen den Jungpflanzen das Unkraut entfernt und der Boden vorsichtig gelockert werden. Ansonsten ist regelmäßiges Gießen erforderlich sowie gelegentliches Düngen, bspw. mit Brennnesseljauche.

ERNTE

Die Ernte erfolgt im August und September. Man erkennt den richtigen Erntezeitpunkt daran, dass sich die Härchen, die oben aus den Pflanzen herausragen, braun verfärben. Die Kolben reifen unterschiedlich aus, daher kann über mehrere Wochen geerntet werden.

Übrigens ist Mais auch bei Vögeln sehr beliebt. Ein sicheres Anzeichen für reife Früchte ist, wenn sich die Tiere genüsslich über die Kolben hermachen! Spätestens dann sollte geerntet werden, wenn man den Vögeln nicht den gesamten Mais überlassen will!

Zwiebeln

Zwiebeln sind der Klassiker beim Gemüseanbau und dürfen in keiner Küche fehlen. Sie sind gesund, haben eine antibakterielle Wirkung und verfeinern viele Gerichte. Es gibt unzählige Varianten und Unterarten mit unterschiedlichem Schärfegrad, rote und weiße Zwiebeln sowie Lauchzwiebeln und Schalotten.

ANBAU

Der Boden sollte locker und gut durchlässig sein. Zwiebeln kann man entweder säen oder stecken. Sie kommen im März und April in die Erde. Steckzwiebeln kommen nur so tief in den Boden, dass sie knapp mit Erde bedeckt sind. Der Abstand zwischen den einzelnen Zwiebeln sollte 5-10 cm betragen. Der Reihenabstand liegt bei 20 cm.

PFLEGE

Besonders in den ersten Wochen nach dem Stecken muss das Unkraut entfernt werden, damit sich die Zwiebeln gut entwickeln können. Daher ist regelmäßiges Lockern des Bodens zu empfehlen. Zwiebeln brauchen regelmäßige Feuchtigkeit – bei trockenem Wetter steht also Gießen auf dem Programm! Wenn die Zwiebeln ausreichend groß sind, darf nicht mehr gegossen werden.

ERNTE

Erntereif sind Zwiebeln, wenn das Laub zu etwa einem Drittel abgeknickt oder abgetrocknet ist. Der beste Zeitpunkt für die Ernte ist bei trockenem Wetter. Die geernteten Zwiebeln lässt man auf dem Feld oder zu Hause auf dem Balkon einige Tage abtrocknen. Dazu legt man sie locker nebeneinander und wendet die Zwiebeln gelegentlich. Erst wenn die äußere Schale und das Laub komplett getrocknet sind, sind die Zwiebeln lagerfähig.

Kapitel 13: Gartenkalender

Das Gartenjahr im Nutzgarten – eine Übersicht der wichtigsten Aufgaben. Diese Übersicht kann auch auf www.grüneliebe.de heruntergeladen werden!

Januar

PLANEN SIE IM JANUAR BEREITS IHR GEMÜSEJAHR:

Welche Sorten wollen Sie anbauen?
....

Wie sollen die Gemüsebeete aufgeteilt werden?
....

Muss eine Fruchtfolge eingehalten werden?
....

Prüfen Sie, ob Saatgut aus dem Vorjahr vorhanden ist. Es muss trocken und kühl gelagert worden sein, damit es noch verwenwdbar ist. Notieren Sie sich, welches Saatgut Sie kaufen müssen.
....

Damit Sie sich optimal vorbereiten können, fertigen Sie eine Skizze Ihres geplanten Gemüsegartens an.
....

Tipp: Notieren Sie sich in Ihrem Gartenplan die Zeiträume, wie lange eine Gemüseart Ihr Beet beansprucht (von der Aussaat bis zur letzten Ernte). Damit können Sie die Hauptkulturen und deren Vor-, Zwischen- und Nachkulturen ideal planen.

NOTIZEN:

_____

_____

_____

_____

Februar

IM FEBRUAR BEGINNEN DIE ERSTEN AUSSAATEN IM HAUS.

Besorgen Sie im Februar neues Saatgut. Beim Kauf sollten Sie auf gute Qualität achten und Sorten auswählen, die widerstandsfähig sind gegen Krankheiten.

Wenn Sie sich unsicher sind, ob Ihr Gartenboden für den Gemüseanbau gut geeignet ist, können Sie eine Bodenprobe entnehmen und diese untersuchen lassen.

Besorgen Sie jetzt bereits Lochfolie und/oder Vlies für Frühsaaten.

Tipp: Notieren Sie sich auf den Samentüten das Kaufjahr!

NOTIZEN:

März

DER FRÜHLING KOMMT LANGSAM UND DER GARTEN WIRD VORBEREITET!

Bereiten Sie die Gemüsebeete für die ersten Aussaaten und Pflanzungen vor: Der Gartenboden wird mit Kompost gedüngt. Verrottete Gründüngung wird eingearbeitet und die Erde gut umgegraben und gelockert.

Für Tomaten, Bohnen und Erbsen können im März bereits Stützen gekauft werden. Es eignen sich spezielle Stützvorrichtungen, Bambusstäbe und Rankgitter.

Je nach gewählten Sorten stehen die ersten frühen Aussaaten an.

Im Gewächshaus oder Frühbeet können die ersten Pflanzen vorgezogen werden. Ende März können auf der Fensterbank im Zimmergewächshaus die ersten Aussaaten von Tomate, Paprika & Co. erfolgen.

Tipp: Machen Sie sich Notizen über die Entwicklung in Ihrem Gemüsegarten. Wenn Sie dies über das ganze Jahr fortführen, wissen Sie im nächsten, was sich besonders gut entwickelt und wo Sie eventuell etwas verändern sollten. Notieren Sie bspw.: „Welche Samen keimen schnell und gut?" oder „Wo entwickeln sich Krankheiten oder sind Schädlinge zu finden?".

NOTIZEN:

April

DIE KÄLTERESISTENTEN PFLANZEN BEKOMMEN IHREN ERSTEN AUFTRITT IN DER GEMÜSESAISON.

Noch beginnt die Gartensaison nicht, aber säen oder pflanzen Sie im April die Gemüsebeete nach und nach mit kälteunempfindlichen Pflanzen.

In einem Gartentagebuch werden schon jetzt die wichtigen Beobachtungen festgehalten. Man notiert sich Sorten, die gut keimen und die sich am schnellsten entwickeln.

Beginnen Sie Ende April damit, Ihre Jungpflanzen abzuhärten: Tagsüber (wenn kein Frost ist) die Jungpflanzen an einen windgeschützten Platz ohne direkte Sonneneinstrahlung stellen. Die Zeitdauer regelmäßig verlängern und den Pflanzen gelegentlich etwas Sonne und Wind „zumuten".

Tipp: Haben Sie bereits Pflanzen im Frühbeet und Folientunnel, müssen Sie diese regelmäßig lüften.

NOTIZEN:

_____

_____

_____

_____

_____

_____

_____

_____

_____

_____

Mai

NACH DEN EISHEILIGEN KANN NUN DIE GARTENSAISON RICHTIG STARTEN!

Vorgezogene Pflanzen aus dem Haus oder Frühbeet werden bis dahin richtig abgehärtet, indem Sie die Pflanzen langsam an die Temperatur im Freiland gewöhnen. Nach den Eisheiligen, Ende Mai können die Pflanzen in das vorgesehene Beet gepflanzt werden.
....

Achten Sie darauf, welche Pflanzen sich gut miteinander vertragen und welche lieber nicht nebeneinander gepflanzt werden sollten.
....

Schützen Sie Jungpflanzen und Aussaaten mit einem Vlies gegen Kälte, Wind, Regen und Fraßfeinde.
....

Ab jetzt muss immer wieder Unkraut gejätet werden, damit das Unkraut die Gemüsesorten nicht verdrängt.
....

Tipp: Jungpflanzen nicht zu dicht pflanzen, vereinzeln Sie sie bei Bedarf.

NOTIZEN:

_____

_____

_____

_____

_____

_____

_____

_____

_____

_____

_____

Juni

IM JUNI KANN MAN DEN GEMÜSEPFLANZEN BEIM WACHSEN ZUSEHEN!

Kontrollieren Sie die Pflanzen regelmäßig auf Krankheiten und Schädlingsbefall.

Vlies entfernen sobald die Temperaturen wärmer werden, damit nicht zu viel Hitze entsteht.

Auf abgeerntete Beete können immer wieder Folgekulturen gesät werden.

Gießen und düngen Sie je nach Bedarf und Sorte. Ein empfehlenswerter, natürlicher Langzeitdünger sind Hornspäne.

Lockern Sie vorsichtig die Erde zwischen den Pflanzen. Das vermindert den Wuchs von Unkraut und sorgt für eine gute Belüftung der Pflanzen.

Bei Erdbeeren, Tomaten, Gurke und Paprika kann Stroh um die Pflanze gelegt werden. Hierdurch bleibt der Boden gleichmäßig feucht.

Notieren Sie sich in Ihrem Gartenbuch für das nächste Jahr, welche Sorten Ihnen besonders gefallen bzw. geschmeckt haben und welche gut gewachsen sind.

Tipp: Als schnellwachsende Zwischensaaten, die vor der Herbstaussaat reif werden, sind Radieschen, Rettich und Salate zu empfehlen.

NOTIZEN:

Juli

IM JULI KÖNNEN IHRE AUSGEWÄHLTEN HERBSTSORTEN SOWIE WEITERE ZWISCHEN-
KULTUREN FÜR DIE ERNTE IM SPÄTSOMMER GESÄT WERDEN.

Vergessen Sie an heißen Tagen nicht das Gießen!

Gießen Sie nicht in der Mittagshitze, da die Pflanzen sonst das Wasser nicht richtig aufnehmen können und die Blätter Gefahr laufen, durch den Lupeneffekt der Wassertropfen zu verbrennen.

Auch im Juli wird fleißig geerntet - viel Spaß dabei und nicht vergessen: Das geerntete Gemüse säubern und weiterverarbeiten.

Tipp: Als Herbstsorten eignen sich Spinat, Chinakohl, Buschbohnen, Radicchio, Endiviensalat und Kohlsorten.

NOTIZEN:

August

IM AUGUST KÖNNEN SIE DIE ERSTEN FREIEN BEETE FÜR DIE NÄCHSTE SAISON VORBEREITEN

Zur Verbesserung des Bodens säen Sie Gründüngungspflanzen ein. Dazu eignen sich Lupinen, Ölrettich und Senf. Zur Gründüngung verwendet man schnell wachsende Pflanzen, die nach dem Verblühen als natürlicher Kompost auf dem Beet verbleiben und später einfach in die Erde eingearbeitet werden.

Es ist Zeit das Wintergemüse zu säen. Dazu gehören Spinat, Feldsalat und Winterzwiebel.

Im August kann es zu längeren Trockenperioden kommen. Gießen nicht vergessen! Und nach einem heftigen Sommergewitter sollte man nachsehen, ob die Pflanzen eventuell Schaden davongetragen haben.

Tipp: Pflanzenreste kompostieren! Das bringt nährstoffreichen und natürlichen Dünger für die folgenden Jahre!

NOTIZEN:

September

IM SEPTEMBER WERDEN DIE MEISTEN SORTEN GEERNTET.

Es müssen Lagermöglichkeiten geschaffen werden, insbesondere für Sorten, die über den Winter gelagert werden sollen. Das sind z.B. Kartoffeln, Möhren, Kohl und Kürbis.
....
Auf den jetzt frei werdenden Beeten erfolgt weitere Gründung.
....

Tipp: Viele Gemüsesorten können nach der Ernte gut eingefroren, eingemacht oder gelagert werden, wenn zu große Erntemengen anfallen.

NOTIZEN:

Oktober

DER HERBST IST DA - ES IST KÜRBISZEIT!

Das reife Wurzelgemüse wird optimalerweise bei trockenem Wetter geerntet und für den Winter eingelagert.

....

Die letzten Tomaten, Paprika und Peperoni vor dem Frost abnehmen und in einem warmen Raum nachreifen lassen.

....

Im Garten stehenden Schnittlauch und Petersilie mitsamt Wurzelballen eintopfen und auf dem Balkon überwintern.

....

Tipp: Unbedingt vor dem Frost ernten, da die Haltbarkeit von Gemüse durch Frostschäden beeinträchtigt wird. Die Pflanzen sollten jedoch solange wie möglich in der Erde verbleiben. Versuchen Sie den richtigen Zeitpunkt abzuschätzen!

NOTIZEN:

_____

_____

_____

_____

_____

_____

_____

_____

_____

_____

_____

_____

_____

November

DIE KALTE JAHRESZEIT BEGINNT UND DIE GARTENSAISON GEHT FÜR DIESES JAHR ZU ENDE.

Im November setzen die ersten Nachtfröste ein. Diese sind wichtig für die Ernte von Grünkohl und Rosenkohl, da diese Sorten ihren vollen Geschmack erst dann entfalten, wenn sie zeitweise Temperaturen unter dem Gefrierpunkt ausgesetzt waren.

Die Gemüsebeete werden im November umgegraben oder gemulcht.

Auf eher sandigen Böden sollte jetzt frostsichere Gründüngung gesät werden. Es kann auch noch überwinterndes Gemüse gesät werden.

Pflanzen- und Erntereste werden kompostiert.

Tipp: Rankgitter, Netze & Co. einsammeln und säubern, damit diese im nächsten Jahr wiederverwendet werden können.

NOTIZEN:

Dezember

IM GARTEN KEHRT RUHE EIN – DER WINTER IST DA.

Der Dezember ist die richtige Zeit, um Gartengeräte zu säubern oder evtl. zu reparieren und über den Winter zu verstauen.

....

Tipp: Das Gartenjahr können Sie jetzt noch einmal Revue passieren lassen. Nehmen Sie sich Ihre Gartennotizen zur Hand und machen Sie sich doch jetzt schon die ersten Gedanken, wie Ihre nächste Gartensaison aussehen soll.

NOTIZEN: